让班级文化落地生根

裴素青　编著

中原出版传媒集团
中原传媒股份公司

大象出版社
·郑州·

图书在版编目(CIP)数据

让班级文化落地生根 / 裴素青编著. — 郑州 : 大象出版社, 2018. 10 (2025. 11 重印)
ISBN 978-7-5347-9911-2

Ⅰ. ①让… Ⅱ. ①裴… Ⅲ. ①中小学-班级-学校管理 Ⅳ. ①G632. 421

中国版本图书馆 CIP 数据核字(2018)第 191938 号

让班级文化落地生根

RANG BANJI WENHUA LUODI SHENGGEN

裴素青　编著

出 版 人　汪林中
责任编辑　梁金蓝
责任校对　裴红燕
装帧设计　王莉娟

出版发行　大象出版社(郑州市郑东新区祥盛街 27 号　邮政编码 450016)
发行科　0371-63863551　总编室　0371-65597936
网　　址　www.daxiang.cn
印　　刷　新乡市豫北印务有限公司
经　　销　各地新华书店经销
开　　本　787 mm×1092 mm　1/16
印　　张　16. 25
字　　数　230 千字
版　　次　2018 年 10 月第 1 版　2025 年 11 月第 7 次印刷
定　　价　39. 80 元
若发现印、装质量问题,影响阅读,请与承印厂联系调换。
印厂地址　新乡县经济开发区富兴路东段
邮政编码　453000　电话　0373-5635065

探寻班级文化的支点（序一）

我走进过成百上千所学校，结识过成百上千个校长。评判一所学校好还是不好，我并不需要听汇报，也不需要看各种统计资料，只需要看教师的眼神和学生的笑容：好学校的教师，眼睛里透露的是自信，是职业的自豪感，是情感饱满、精力充沛和充满探索的兴趣，是浓浓的书卷气；好学校的学生，笑容中展现的是阳光和灵动，是获得心理安全感后的自信，是被爱、平等、正义浸润过的真诚和从容……这些背后，最根本的问题是学校文化的建设问题。积极健康向上的学校文化和班级文化能在无形中为师生提供健康向上的生活空间和学习氛围，从而为提高学校的核心竞争力奠定坚实的基础。而学校的文化建设，需要一种视野开阔的顶层设计，需要一个心怀宽广、追求卓越的优秀校长。

洛阳外国语学校裴素青校长给我的印象，就是对教育充满激情、对学校发展有系统规划和明晰路径的校长。第一次见裴校长是2013年在“洛外杯”首届河南最具影响力教师颁奖典礼上，当时她担任洛阳外国语学校校长。我了解到，她用三年的时间，通过制度建设和精神引领，让这所处于低谷的老牌名校重现辉煌。第二次见裴校长是2016年在河南教师成长学院中，当时她担任洛阳华洋国际学校校长，河南教师成长学院洛阳校区就设在这所学校。走进学校，处处整齐洁净、清新明丽的校园使人心情舒畅、精神振作。随着对学校了解的增多，特别是读了这本《让班级文化落地生根》的书稿，看到学校在班级文化建设方面丰富、生动而系统的实践探索，我对这所学校更有了兴趣。

校长对于学校的领导和管理，首先是教育思想的领导和管理，其次才是行政的领导和管理。裴素青校长作为学校的精神引领者，带领学校教师，系统地规划学校的文化发展蓝图，对学校的办学目标及实现目标的主要途径有明晰的认识。这本书不是仅仅对于班级文化建设的简单记录，更有裴校长基于丰富和生动的班级文化建设实践，提炼出的关于班级文化建设的方向和方法。

我们的教育实践工作者往往更关注方法，而存在着忽视方向的倾向。反映在学校文化和班级文化建设上，就是老师们对怎么做的方法层面更感兴趣，至于为什么要这样做，则缺乏深入的思考和系统的梳理。如果总是只顾埋头赶路，我们怎么可能欣赏到天空的广袤和美丽？裴校长带领学校对“班级文化支点”理念的提出和探寻，以及“德育12个品格月”和系列班会课的设计，都不是零敲碎打，不是单兵作战，而是在整体规划下的系统实践。书中开篇先谈班级文化建设的理论思考和构建，每一部分开篇也都是在实践、案例基础上的总结和升华，这种超越具体感性经验的提炼和理论自觉，难能可贵。

优良的学校文化一定是内源的、自生的。班级文化，是学校文化的重要组成部分。它包括班纪班规、课堂氛围、同学之间以及师生之间的关系、兴趣小组与课外活动等。一个充满相互关怀、激励、建设性的互动与积极向上的班级文化，一定有助于学生的进步与成长，也一定有助于教师从教学相长中获得更充实、更积极的职业生涯的体验。班主任是班级文化建设的领导者、培育者与核心成员。班主任的教学能力与乐观、开朗、自信、友善、喜乐、热情、温暖的个性品质一定有助于班级文化的形成。学校的班主任，应该在学校共同愿景下，以研究的心态做班级管理工作，把班级文化建设的主动权交给学生，相信每一个学生都是独一无二的，让学生有权来选择自己的成长姿态。在本书中，我看到各位班主任在班级文化建设中所展现出的精神风貌和生命质量，看到在班级文化支点的撬动下，师生心灵深处巨大的潜能被唤醒，显现出生命的活力和创造的动力。

学校关于文化建设载体和支点的思考与探寻，让我们触摸到了生动的实践脉搏！这不仅令我十分欣赏，也希望有更多的学校和班主任老师能分享到他们的宝贵经验。

是为序。

北京师范大学教授 肖 川

有梦方能远行（序二）

大河奔腾不息流向海的梦想，大雁千里飞翔向着梦的远方。36 年的坚守，只为追寻一个教育梦想。我特别享受站在讲台、面对学生边讲边写这种生命的状态，我爱我的学生，我爱我的老师，我爱我工作过的每一所学校，我爱教育这片热土。做一个好母亲，当一个好老师，办一所好学校，是我今生的梦想。

小时候，我经常把在故事书中看到的故事讲给小伙伴们听，渐渐地，听我讲故事成了伙伴们的习惯，我自己得意得像个小老师，心中也悄悄种下一粒梦的种子。1977 年恢复高考，我幸运地考上了新乡师范学院（现河南师范大学），离我的教师梦更近了。1982 年，我第一次走上讲台，一路走来，从初登讲台的诚惶诚恐，到教了 18 年高三毕业班的突出教学业绩，到获得河南省首届高中生物优质课大赛一等奖第一名和全国优质课大赛一等奖，再到获得首批国家级骨干教师、特级教师、河南省首批优秀专家等，教育给了我太多太多，我的生命中如果去掉“教育”二字，人生将会变得十分苍白。

了解我的人都知道我不仅是一个理想主义者和完美主义者，更是一个行动派，是一个喜欢自我加压、自己跟自己较劲的人。按照常理，我已经功成名就，退休后该好好休息、享受生活了。可是，我却停不下工作的脚步。作为一名一线教师，有着 18 年教高三积累的教学经验，我曾主编了专业类书 15 部，以此服务于高三学生和一线生物教师。而《让班级文化落地生根》一书是我的第一本教育类书，是我先后在几所特点不同的学校进行十几年实践探索的结果。从 2011 年我在洛阳外国语学校提出的“3421”办学目标和“双主体和谐式有效课堂”的课改模式，到2014年我在洛阳华洋国际学校提出的“用文化支点撬动班级管理和12个品格月德育目标体系”，从校园文化建设到班级特色文化建设，从校园六大主题实践活动到系列主题班会，《让班级文化落地生根》一书记录了我们的每一步，见证了我们的每一步。

众所周知，一个好校长就是一所好学校，因为好校长带来好的办学思想和理念，好理念带出好的学校文化，而好的学校文化才是办好一所学校的关键。班级是学校管理的基本单元，班级文化是学校文化落地的载体；否则，校长的好理念、学校的好文化都将变成空谈。班主任管理一个班级如同校长管理一所学校，既要建立班级各种规章制度，还要研究管理班级的方法和技巧，更要有理念的引领。教育实践做到一定程度，必然产生对教育理论的需求，班主任有了理论的根基，才不会生搬硬套别人的经验，才能建立“有根”的班级文化。这也是我编写这本书的初衷。

本书的第一章“和班主任谈班级文化建设”，是从班级文化创建的基本方法和原则、班主任对班级文化建设的影响、班级文化建设的常见误区、班级管理的十个法宝、如何让科任教师参与到班级文化建设中来等几个方面入手，主要从班级文化建设的理论层面进行概述，结合生动案例，旨在给年轻的班主任提供一定启发和帮助，让班级文化建设成为以学校文化为导向、班级同学主体参与、班主任智慧引导、家长和科任教师积极配合的一项系统工程，从而为孩子们提供一个影响一生的“有根”的班级文化。

本书后面几章是实践篇。第二章是结合学校几年来的探索实践，实现了“一班一品一特色，文化支点铸班魂”的班级文化建设特色。这部分以一篇文化支点撬动班级管理的理论综述和十二篇一线教师的原创精彩案例形式呈现。这些案例再一次印证了班级管理和教书育人都需要支点的撬动。有了文化支点的精神引领，有了师生的深度认同，有了以丰富多彩的班级德育主题活动为载体的文化支点的撬动，班级文化建设才能不再流于形式，教育也不再是空洞的说教，而“文化”的种子才能真正地根植在学生的心田。

本书的第三、第四章，概要综述了12个品格月让班级德育目标体系化，并全貌展示了小学、初中和高中三个不同学段12个品格月的具体内容。在此基础上，又列举了和12个品格月对应的主题班会案例，试图给读者呈现一个可操作层面的德育目标体系。“德育12个品格月”是结合我校德育工作实际，依据社会主义核心价值观、中小学生核心素养、学校的核心育人理念和中小学生的德育目标，同时结合学生的年龄特点、学校的教学工作、时令特点和传统节日等精心设计的。全年共设计了“12个月主题”和“48个班会主题”的德育活动，旨在使中小学德育目标具体化、课程化和体系化。学校经过多年的实践，以12个品格月作为德育目标的载体，通过系列主题班会，将班级德育目标落到了实处，收到了很好的育人效果。

文化是不会自动生成的，文化建设需要应有的载体和支点。载体可以让文化落地，沉淀出独有的精神气质；支点可以让文化充满活力，撬动师生的创新活力。洛阳华洋国际学校六年多来的实践，取得了骄人的办学成绩，得到了社会各界的高度赞誉和学生家长的青睐，成为河南教育的名片示范学校。独特的校园文化和班级文化成了全校师生共有的精神长相。

人们经常问我一个问题，你工作起来那么有激情，有时候干起工作像个拼命三郎，你哪来的劲？我想用艾青的诗来回答：“为什么我的眼里常含泪水？因为我对这土地爱得深沉。”为了一个教育的梦想，为了一个教育的情结，三十多年的追梦路上，我时常被感动着，感动于老师们孜孜以求的课堂教学，感动于老师们深夜办公室亮着的灯光，感动于高考、中考同学们百日誓师时的豪言壮语，感动于同学们亲切呼喊我“校长妈妈”时的幸福……

有梦方能远行，既然选择了远方，就要义无反顾。我愿意和全国的教育同人一道，在追梦的路上，一路同行。

裴素青

目 录

第一章 和班主任谈班级文化建设 1

一、班级文化是学校文化的载体 2

二、班级文化创建的基本方法 8

三、班级文化建设的基本原则 13

四、班主任对班级文化建设的影响 19

五、让科任教师参与到班级文化建设中来 23

六、借力家长共建和谐班级文化 27

七、班级文化建设的几个常见误区 31

八、班级管理的十个法宝 37

记者观察 用文化载体塑造精神气质／杨雷 45

第二章 用文化支点撬动班级管理 51

一、探寻班级管理的文化支点 52

二、一班一品一特色，文化支点铸班魂 60

案例1 重走长征路，再塑远征魂／高家林 60

案例2 “理”笆园里春意浓／韩志峰 64

案例3 铿锵玫瑰，绽放“自强”之花／王琳 68

案例4 将“诚”文化植根于学生心中／李露露 72

案例5 蓄势待发“航天梦”／王喜军……76
案例6 “劲竹”扎根铸班魂／张小分……80
案例7 打造我们班的“狼图腾”／王祺炜……84
案例8 用牡丹文化润泽学生心灵／董志恒……88
案例9 修得莲塘悠悠香／于芳琳……92
案例10 跟彩虹一起成长／张琳……96
案例11 今日春笋芽 明日青青竹／张梦柯……100
案例12 群蜂采蜜忙 酿得百花香／安迎芬……105
记者观察 以文化支点撬动生命活力／黄杰……109

第三章 12个品格月让班级德育目标体系化……113

一、12个品格月德育目标体系化的构建……114
二、12个品格月德育目标体系（模块）……124
1. 小学德育12个品格月目标体系（模块）……124
2. 初中德育12个品格月目标体系（模块）……136
3. 高中德育12个品格月目标体系（模块）……148
记者观察 12个品格月让德育目标落地生根／杨雷……160

第四章 系列主题班会是班级德育目标落地的载体……165

一、系列主题班会使班级德育目标落地……166
二、12个品格月观照下的主题班会示例……173
一月 理想月：“盘点与展望”主题班会／韩秀清……174

二月　亲情月:“创意灯笼，浓情新年”主题实践活动／亢建新……178
三月　文明月:“文明中国，我在行动”主题班会／韩秀清……184
四月　环保月:“我们只有一个地球”主题班会／杨艳丽……189
五月　科技月:“追寻科技之光”主题班会／王喜军……194
六月　拼搏月:“激情六月，高考壮行”主题班会／张洁……199
七月　诚信月:“诚信是金”主题班会／刘令洁……205
八月　实践月:“清华研学”“徒步万安山”主题实践活动／韩昱　李翠霞……210
九月　目标月:“启蒙拜师礼”主题班会／张琳……217
十月　爱国月:“祖国在我心中”主题班会／张小分……222
十一月　安全月:“争做安全小卫士”主题班会／于芳琳……227
十二月　法治月:“学法 知法 守法”主题班会／韩志峰……232
记者观察　用文化内涵塑造师生的精神气质／杨雷……238

参考文献……244

后　记……245

第一章

和班主任谈班级文化建设

一、班级文化是学校文化的载体

学校文化是一所学校长期发展的历史积淀，是以学校师生为主体形成的价值观念、办学思想、群体意识、行为规范、学校精神面貌等一系列的价值体系总和，其核心是学校在长期办学过程中所形成的共同价值观念和行为方式。

1. 如何理解学校文化

——教师融入什么团队，就会受到什么样的团队文化影响，这决定着一个青年教师人格修养的形成和专业成长的速度。

学校文化是校长或学校领导层所倡导、学校员工共同建立并遵守的心理契约。学校文化是学校的灵魂，是学校的品位和气质，是学校的核心发展力。学校文化对外是形象的标识，对内是一个纲领，对未来是一个目标。学校文化绝对不只是贴在校园墙壁上的标语口号，而是内化到师生心里、外化到师生行动上，并变成师生的一种自觉行为习惯的理念，有了这些理念，才能说这个学校形成了某种“文明向上”的文化。如果一所学校校园的墙上写着“我们的办学理念是倡导学生‘文明向上，勤奋自律’”，结果一进校园，我们看到的却是学生随意乱扔果皮纸屑、碰到老师和客人也不知道问好、在校园追逐打闹等现象，就不能说这个学校形成了文明向上的文化。因此，有制度贴在墙上不一定能形成制度文化，物质环境优美不一定能形成物质文化。

学校文化影响和制约着学校群体成员的活动方式、精神面貌和文化素养。学校文化是学校在教育、教学、管理过程中逐渐形成的特定文化氛围和文化传统；它以具有学校特色的精神形式、制度形式和物质形态为外部表现。曾经有一个老师从薄弱学校调入一所重点学校工作，在一次班主任工作交流会上，她说道：“我终于知道这所学校为什么优秀的答案了。学生们学习都很勤奋，守纪律，有礼貌，老师们都非常敬业奉献。我原来工作的学校下午两节课后（4 点钟），办公室就没有了老师，来到这所学校后看到的是，每天下午 6 点多钟办公室还有很多老师，有的老师在批改作业，有的在备课，还有的在辅导学生。这对我的影响和触动很大。”这个例子就是两所不同学校表现的不同文化现象，一个人融入不同的团队，就会迅速地被这个团队特有的风气即文化所感染。团队文化是积极的，你就会被带着积极起来；团队文化是懒散消极的负面的，你也就会懈怠起来。这对一个刚刚步入工作岗位的年轻教师来说尤为重要，融入什么团队，就会受到什么样的团队文化影响，这决定着一个青年教师的人格修养和专业成长。学校文化是一个学校精神氛围的集中体现，是一所学校的灵魂，也是学校赖以生存的根基，更是学校可持续发展的精神动力。

2. 学校文化建设是学校发展之魂

——我始终认为：一个学校的独特文化对学生的影响，要比某一门学科、某一种知识的影响大而且长远得多。

文化就像一座建筑物，你看不到它的柱子、横梁与钢筋，但是少了它们，建筑物将会倒塌。学校文化对于学校教育教学质量来说就是这样。党的十九大报告中指出：文化是一个国家、一个民族的灵魂。文化兴国运兴，文化强民族强，没有高度的文化自信，没有文化的繁荣兴盛，就没有中华民族的伟大复兴。

学校是什么？学校不仅是客观的物质存在，更是一种精神和文化的存在。学校是有助于人成长的教育组织，是物质环境、心理环境、精神环境和谐统一的优质生活空间。学校是充满精神感召力、学习型和发展型的文化组织、文化场所，学校本身应该具有文化气息，同时又能源源不断地向外传播文化，以此来影响人、教育人。学校发展的根源在于文化，没有文化，一所学校就难以实现科学、可持续的发展。现代学校发展趋势就是要回归文化这一本位。

学校是传承民族优秀文化的主阵地。一个民族的宝贵文化遗产主要是通过学校教育来实现代代相传的。学校是一个具有教育理想和信仰追求的地方，是一个寄托梦想和放飞希望的地方，是一个塑造灵魂和涵养精神的家园。所以，学校文化建设是历史赋予的使命和责任。

马尔库塞认为："观念和文化的东西是不能改变世界的，但可以改变人，而人是可以改变世界的。"联合国教科文组织指出："实现发展的动力实际上存在于文化之中……文化是实现发展的摇篮。"学校文化对学生的人生观、价值观的形成有深远影响，而这种影响往往是任何课程所无法比拟的。健康向上、丰富的校园文化对学生的品质形成具有渗透性、持久性和选择性，对提高学生的人文道德素养、拓宽学生的视野、培养优秀的爱国主义人才都具有深远的意义。

很多人都有名校情结，大家为什么崇尚名校？原因在于大师和大师所代表的文化，在于其办学思想、办学理念，而不仅仅是硬件和环境。人们崇尚北京大学，崇尚的是其深厚的历史和文化积淀。文化是一种精神，不仅可以约束和规范人们的行为，而且是一种积极向上的文化熏陶和引领，为学生一生发展植入文化基因，打上独特的文化烙印，影响和改变其人生的走向。

文化立校是现代教育迈入新时代的显著标志，以"文"来"化"人是现代教育的根本任务，现代学校发展就是要突出以学校文化建设为中心，关注学生全面发展和教师专业发展，用教育寄托梦想，用文化涵养精神，用文化促进学校的发展。如果没有教育理想和梦想，学校就没有精神和灵魂，师生就没有信仰和追求，发展就没有目标和方向，办学就没有动力和活力，教育就没有内涵和品质。学校文化是学校发展凝心聚力的根基，是教育发展的根本动力，是改变教育未来发展的决定力量。

学校的校容校貌表现出一个学校整体精神的价值取向，具有强大的引导功能。校园文化作为一种环境教育力量对学生的健康成长有着巨大的影响，校园文化建设的终极目标就是创建一种陶冶学生的情操、构建学生健康的人格、全面提高学生素质的氛围，以追求师生的最大发展为学校文化的基点。

3. 如何寻找学校文化建设的载体

——学校文化形成应有相应的载体，各种不同活动载体所呈现的丰富文化现象就构成了这所学校独有的精神气质、品质特色。

学校文化建设的过程也是发现自身问题和解决自身问题的过程，学校文化的建设、积淀、提炼、创造和发展共同构筑学校文化之魂。一所学校的文化是要结合本校的历史、校情精心设计出来的，是一项长期而系统的工程。学校文化建设不应等同于环境形象建设。有些学校为了迎接上级检查，吸引眼球，热衷于校园标牌的张贴和环境的设计，这种一蹴而就的形式主义、急功近利的思想，只能使学校文化建设走向不切实际的表象化、形式化。我们不能把校园文化做成面子工程、政绩工程。学校文化不仅体现在环境布置、校园绿化、文体活动，更多的是体现在思想理念、师生的价值观念、行为方式上。

对于一所学校来说，没有什么比文化更重要了；对于学校文化来说，没有人比校长更有影响力了。每一位成功的学校领导都知道，文化就是一切的一切！校长是学校文化构建的规划师，应结合学校的实际校情，精心设计好几个文化板块——物质文化、制度文化和精神文化。

多年的教育教学和管理经验告诉我，学校文化是推进学校发展的核心要素和原动力，更是决定学校能否赢得社会信任和尊重的软实力。因此，在洛阳华洋国际学校建校之初，我们就确立了以“立德树人，文化立校，质量立本，特色强校”为核心的办学理念，瞄准学生核心素养，整体设计学校文化的发展蓝图，不断探寻着学校文化的载体和班级文化的支点。六年以来，在我们“文化立校”旗帜的引领下，学校迅猛发展、成绩斐然。

学校文化如何形成？学校文化形成应有相应的载体，从具体的行为、事件、故事、活动或者人物入手，渐进式地推进。常见的学校文化的载体，如报纸（班级板报、班级简报）、学校刊物（班级刊物）、学校网站、学校举办的各种仪式和典礼、毕业册等；如洛阳华洋国际学校实施的“德育 12 个品格月”“五育成长银行”“启蒙拜师礼”等活动；校园六大文化艺术节活动——故事节、校园牡丹文化艺术节、科技节、读书节、外语文化艺术节、社团文化艺术节；六大综合实践活动——爱心之旅、探索之旅、励志之旅、研学之旅、磨砺之旅、探寻河洛文化之旅；还有结合传统文化节日开展的灯笼节、风筝节、风车节、端午节和饺子文化节等。

精心设计的每一项活动都要体现学校的办学思想和理念，要突出育人的目标，学校设计开展的各项活动，一定要有连续性。持续连年的进行，就会通过活动产生出独特的文化现象，各种不同活动载体所呈现的丰富文化现象就构成了这所学校独有的精神气质、品质特色，这就是学校的文化。活动产生了文化，文化又对师生进行熏陶和引领。

4. 班级文化是学校文化的载体

——校园文化建设要发挥学校师生的主体作用，构建全员共建的校园文化体系。

班级就是学校最基本的管理单元，班风决定校风，班级文化是学校文化的落脚点。学校文化管理的理念、学校的各种规章制度等最终是要落实到班级文化建设中去，才能彰显出学校独特的校园文化特色。校园文化建设要发挥学校师生的主体作用，构建全员共建的校园文化体系。不然，再好的学校文化也只能是空洞的理论。只有理念和实践紧密结合了，才能使好的文化理念落到实处。

班级文化建设要紧紧围绕学校的校训、校风、学风、办学理念等文化特色寻找班级文化建设的支点，设计开展班级文化建设。我认为，抓好班级文化建设就抓住了“文化立校”的根本，因此，2014 年，我提出了在全校开展创建特色班级文化的活动。经过多次的班主任理论培训、优秀班主任的榜样引领，一班一特色、班班有特色的班级文化创建活动轰轰烈烈开展了起来，一大批年轻班主任在班级文化创建中也迅速地成长起来了。

探寻班级管理的文化支点，构建特色班级文化，全校 70 多个班主任都行动起来了，通过主题班会师生一起讨论，掀起寻找班级管理的文化支点活动热潮。如小学 1402“笋芽班”，以奋发向上、顽强拼搏的笋芽精神为文化支点，学习笋芽拼搏向上的精神，勤奋学习；在生活中，学习笋芽根连根，团结互助，友爱相处，成为一名奋发向上、勤奋拼搏的好少年。“今日春笋芽，明日青青竹。”这是“笋芽班”奋斗的目标。小学 1501 班“彩虹班”以彩虹 7 种品格为文化支点，小学 1502 班“小雷锋班”以助人为乐的雷锋精神为文化支点，小学 1503 班“小蜜蜂班”以勤劳善良的蜜蜂精神为文化支点，小学 1601 班“小蜗牛班”以勇攀高峰的蜗牛精神为文化支点，小学 1203 班“孝德班”以孝敬感恩父母为文化支点。

如初中 1606 班“卓傲班”，以牡丹“卓尔不群，傲骨无瑕”的精神提炼出班名“卓傲班”，以洛阳牡丹为载体，以洛阳牡丹文化为支点，弘扬家乡文化，增强文化自信，传承优秀传统文化，培养学生爱家乡、爱祖国、放眼世界的情怀。初中 1602 班以“劲竹精神”为班级文化支点，初中 1502 班“尚德班”以“德”文化为班级文化支点，初中 1707 班“铁军班”以“铁军精神”为班级文化支点。

如女子高中 1603 班以“长征精神”为班级文化支点，1501 班“明理班”以“理”为班级文化支点，1502 班以“诚”为班级文化支点，1602 班以“航天精神”为班级文化支点，1601 班以“女排精神”为班级文化支点。

特色班级文化的创建，将学校的文化理念真正落到实处。我始终认为：一个学校的独特文化对学生的影响，要比某一门学科、某一种知识的影响大而长远得多，而这种文化在学生的学习生活和成长中逐渐形成的学习态度、思想品质、行为习惯以及人生观、价值观，甚至影响学生一生。

二、班级文化创建的基本方法

班级文化是一种个性文化，代表着一个班级的形象，是每个班级所特有的精神内核，体现了班级的生命活力。班级文化是一个班级的灵魂，它具有自我调节、自我约束的功能。班级文化涉及学生与学生之间的关系、师生之间的关系，也包括我们容易忽略的教师之间以及教师与家长之间的关系。

1. 如何理解班级文化

——真正的班级文化，是着眼于学生的幸福成长，为学生创造源源不断的快乐感和满足感，培养学生对集体生活的积极认同感。

一个班级就是学校的一个细胞。一所学校的校风、管理特色、教学质量等一系列指标都是通过一个个班级来体现的，班级的管理水平决定学校的管理水平。建设班级特色文化绝不是简简单单地美化一下环境，摆几盆绿色植物，张贴几张字画，或者写几句口号。真正的班级文化，着眼于学生幸福成长，它能够为学生创造源源不断的快乐感和满足感，培养学生对集体生活的积极认同感。班级文化不仅能为学生的素质发展创建良好氛围，而且还能为形成勤奋向上、充满活力的班集体起到桥梁纽带作用。班级文化建设是学生自主意识培养的有益实践，班级文化建设是班集体建设的升华。班级生活质量的高低，取决于班级特色文化建设的效果。

一个班级就是一个家，班主任就是家长。学生分到不同班级，遇到不同的科任老师和班主任，决定了他们将享受到不同的教育品质。每个同学都有着不同的家庭教育背景、不同的小学教育背景、不同的幼儿园教育背景，几十个学生带着不同的文化印记聚到了一起。班主任如何带好一个班，只靠简单的说教方式、传统的管理方式是远远不够的，班主任不仅要建立班规班约，用制度来规范和管理，更重要的是要通过班风建设，精心设计一系列的班级特色活动来凝聚班级力量，并在活动中去提炼班级精神，用文化理念即班风去引领，才能带出一个积极和谐向上的优秀班集体。

2. 班级文化对学生成长的影响

——班级文化是一种“潜在的教育”。良好的班级文化能为学生知识的学习创建良好的氛围，班级的舆论导向作用能使学生明辨是非、分清道理。

班级文化就是用来教育引领、约束全班同学的一套价值体系，是班级同学在学习、生活及日常活动中形成的，为大多数同学所认同，一种大家共有的行为。它是价值观、道德观、精神追求、生活习俗、思维方式、行为准则和生存方式的总和。这就是班级精神文化，也可以理解为班风、班级特色。

班级文化作为学校文化的重要组成部分，是学生最直接、最重要的影响源之一。对于学生而言，班级文化通过其外在形式和内在力量，无声地影响着他们的道德观、人生观、世界观。对于学校而言，班级文化是一所学校具有自己鲜明特色的根本。因此，创建优秀的班级特色文化，不仅有利于学生的全面发展和个性的张扬，还有利于学校教育工作的顺利开展。

班级文化具有间接、内隐的教育影响，是“潜在的教育”。良好的班级文化能为学生知识的学习创建良好的氛围，班级的舆论导向作用能使学生明辨是非、分清道理。因此，班级文化建设是优化班集体的有效途径。班级文化是一个班级的成长之源，代表着班级的基本素养，也是融学生个性与班级特色为一体的精神财富。班级文化的外在表现形式为教室环境、人际关系、学生精神状态等。可以说，班级文化是一门隐性课程，具有无形的教育力量。因此，班主任要十分重视，用自己的魅力、智慧，积极营造和谐浓厚的班级文化氛围。

3. 班级文化创建的基本方法

——建设好班级物质文化和制度文化，只是给这个班级做了一件好看的外衣，班级精神文化建设则是班级文化建设的核心。

班级文化包括物质文化（教室文化）、制度文化（班级规章制度）和精神文化（班风）三个层面。三者是根据从浅入深、由表及里的顺序排列，它们层层递进，但三者之间又相互作用、相互影响。

班风的建设是整个文化环境建设的核心部分。它包括班级风格和班级风气，是班级对外的社会形象，属于精神文化建设层面。

物质文化和制度文化建设为班级“硬文化”建设，后者为“软文化”建设。班级物质文化是班级文化中的实体部分，主要包括班级教室环境的布置、活动设施和班级卫生状况等；班级制度文化是指班级文化中的制度部分，包括班级中的各种规章制度、行为规范、纪律要求等；班级精神文化是指班级文化的观念部分，包括班级的理想、信念、心理认知、价值取向、情感意志、班级舆论、学习态度以及班级成员所认同的文化意识和思想，主要表现为班级风气，即班风。建设好班级物质文化和制度文化，只是给这个班级做了一件好看的外衣，班级真正的精神体现还要靠班级的精神文化建设，班级精神文化建设是班级文化建设的核心。

（1）班级环境文化建设

“班级是我家，建设靠大家。”如何布置教室环境，还要发动学生全员参与，让小组讨论拿出各自方案比赛，最后确定出教室环境布置方案。布置教室环境的讨论过程就是班级文化构建的过程，就是增强班级集体主义观念、增强班级凝聚力的过程，班主任千万不要错过任何一个可以利用的机会。

教室环境文化的布置，力求朴素大方、高雅美观，适合学生，突出班级个性。教室的四角，可以把它安排成自然角、科技角、图书角等；两侧的墙壁，可以布置成荣誉墙、公告栏、学习园地，张贴班级公约、班级规章制度等，也可以张贴一些格言字画；教室后面的黑板报应经常更换，由学生自己策划、设计；教室前面黑板的上方可以张贴一句整个班级的誓言。总之，要重视教室的布置，教室的布置不能乱，应使各个部分和谐统一起来。

苏霍姆林斯基曾经说过："要使教室的每一面墙壁都具有教育的作用。"可见，对于教育而言，一切都可以成为它有利的素材。有效地运用教室空间资源，创设具有教育性、开放性、生动性且安全性的"硬文化"环境，对于陶冶学生的情操，倡导健康向上的班风，增强班级的文化品位，融合师生的情感有着巨大的积极作用。

（2）班级制度文化建设

班级制度文化是以规章制度、公约、纪律等为内容的，班级全体成员共同认可并自觉遵守的行为准则所表现出来的文化形态。俗话说，"没有规矩不成方圆"。一个好的班规可以有效地约束学生，克服不良习惯，形成遵守纪律的良好习惯。

班规制定的关键一点，是要让全班同学参与，要放手交给学生制定，通过分组讨论，最后形成班规。班规制定要充分发扬民主，让每个学生知道自己既是"执法者"又是被监督者，激发学生的积极性和主动性，培养民主意识，使学生成为班级的主人。所以，被学生接受的班规才会真正起到引导、调整、规范学生行为的作用，班级制度文化的建设使每个学生都按一定的准则规范自己的言行，朝着符合班级全体利益和教育目标的方向发展。让学生参与班规制定的过程就是对班规认同的过程和自我教育的过程。每一个学生时时都在班规下自觉地约束自己的言行，懂规矩，有礼貌，照章办事，从而养成良好的道德品质和学习品质。

班规制定要具体细致、可操作性强。班规一般会包括学习、纪律、劳动等方面。学习方面，如上课注意听讲、按时完成作业等；纪律方面，如不迟到早退，不旷课，不违反校纪校规等；劳动方面，如认真做好值日生；文明修养方面，如遵守社会公德，不骂人，不乱扔果皮纸屑，文明就餐等。班规的执行要有配套的奖惩措施，如果没有奖惩，班规就会变成摆设，规矩自然也不可能形成。因此，我们学校各班都依据自己的班规制定出了相应的《学生操行评语百分量化考核》奖惩方案，以保证班规的有效性和班风的形成。

（3）班级精神文化建设

建立好班级的环境文化（硬文化）只是给班级穿上了漂亮的外衣，班级精神文化（软文化）才是班级文化建设的核心。班级精神文化建设包含的基本元素有班旗、班徽、班歌、班训、班风、班级宣言（誓言）、班级理念、班级愿景等。这些都是班级的“软文化”，是班级文化建设的核心部分。

首先是班旗、班歌、班徽的设计。此三者是班级“软文化”建设的起始点。在设计它们时，班主任应调动全班师生人人参与，设计要体现班级理念和特色；设计完成后，应通过年级活动等各种场合展示班旗、班歌、班徽，使本年级本校师生注意到本班的特色形象标志，这有助于学生对班级产生认同感和自豪感；更为重要的是，这些设计活动有助于挖掘学生的创造力、合作力，增进学生间的了解和信任，加强班级的凝聚力。学生是班级文化建设的主体，在班级“软文化”环境的建设中，学生与学生之间的相互作用，对于班级风气的形成，是一股巨大的力量。

建设优良的班风，能在班级成员的心理上产生巨大的内在激励因素，增强班集体的向心力和归属感。班风巨大的激励作用，还能使班级中的每个人精神振作，身心愉悦，人与人之间紧密团结，高度信任，人际关系和谐，班集体由此焕发出无穷的力量和生机，班集体与学生获得共同成长与发展。因此，班级文化最大可能地成为学生心灵的栖居地。班级的“软文化”弥漫在班级的各个角落，时时撞击着学生的心灵，学生一旦置身于班级的文化氛围之中，他们的思想观念就会受到潜移默化的影响，日积月累就会形成一种与班级文化相融合的价值观。班级“软文化”的主体是班风，良好的班风是无声的命令，它能使学生自觉地约束自己的思想言行，抵制和排除不符合班级利益的各种行为。

良好班风的形成，既要有学生的主体参与，更要有班主任的引导参与。班主任的个性特点、管理风格直接决定和影响班风的建设，不同的班主任会带出风格各异甚至截然不同的班级，班风某种程度上彰显班主任的个性特质。

一个优秀的班主任一定会带出一个优秀的班集体，一个好的班风将影响学生的一生。

三、班级文化建设的基本原则

好的班级文化建设表现在以下方面：班级日常管理好，班级学生精神面貌好，班级文化建设内容全，班级文化建设有特色，班级学生全面发展。要建设科学有效的班级文化，必须遵循以下几个基本原则。

1. 立足“人本化”原则

——教育的一个根本目标是帮助人成为一个人，尽他的可能成为一个完全符合人性的人。

人本化的原则就是“以生为本”，以学生的成长需要为着眼点。它要求教师始终遵循学生身心、个性发展的内在规律，尊重学生的人格，满足学生的合理需要，关注学生的生活、情感世界，使班级管理走向人格化、人性化；充分调动学生的积极性、主动性和创造性，以培养学生健全的人格和为学生终生幸福奠基为目标构建班级文化，努力营造充满人性化和正能量的班级文化氛围。劳伦斯·库比在《教育中被遗忘的人》中提出：“教育的一个根本目标是帮助人成为一个人，尽他的可能成为一个完全符合人性的人。”因此，班级文化建设过程中的一切活动的开展都要以满足学生的心理和成长发展需求为宗旨，尊重每一个学生的个性特点，正确引导学生树立正确的世界观、人生观和价值观，促进学生健康成长。

2. 坚持正确育人导向原则

——社会教育、学校教育、班级教育及家庭教育，都必须把学生的品德教育、爱国教育提到首位。

党的十九大报告中指出：要全面贯彻党的教育方针，落实立德树人的根本任务，发展素质教育，推进教育公平，培养德、智、体、美、劳全面发展的社会主义建设者和接班人。青年一代有理想、有本领、有担当，国家就有前途，民族就有希望。中华民族伟大复兴的中国梦将在一代代青年的接力奋斗中变为现实。社会教育、学校教育、班级教育及家庭教育，都必须把学生的品德教育、爱国教育提到首位。学校教育要始终坚持正确的育人导向，认识到学校的功能不仅仅是传授知识，更肩负着培养什么人的责任。

注重学生的精神成长、思想提升，应发挥重要节日、传统节日在传播社会主流价值中的优势。如在建党节、国庆节等节日前加强宣扬革命精神，弘扬革命优良传统，发扬民族精神和时代精神；在春节、中秋节等节日前引导学生感受传统节日中所蕴含的思乡、团圆等情感；抓住近期发生的时事要事及灾害事件，让学生了解国家在应对突发事件时的处理方式，培养学生的爱国主义情感。利用生活中的一切教育典型，开展各类教育活动，引领学生的精神成长。

学校一切活动的开展，班级文化建设都必须突出正确的育人导向。如洛阳华洋国际学校的德育 12 个品格月育人体系，就是依据社会主义核心价值观的理念、中小学生核心素养和学校的核心育人理念三大理念设计的，全年共有 12 个月主题活动和 48 个班会主题活动，班会活动内容覆盖爱国主义教育、社会公德教育、责任担当、安全法制、环境保护等方面，以全面培养学生健全人格为目标。

3. 立足学生“主体性”原则

——班主任要敢于放手，把班级文化建设的主动权交给学生，相信学生。班级既然是师生共同的一个家，就应该是“大家事情大家办，把事办好”。

学生是班级文化建设的主体。班级文化建设切忌班主任“一言堂”。班级文化的建设要以学生的实际为出发点，分析学生的年龄特点、心理特征、成长背景、学习程度、兴趣爱好等。学生的全员参与，是找到适合学生发展的班级文化建设的起点和基础。

目前，班级文化建设的现状，大多是班主任对班级管理提出学习、纪律上的要求及奖惩措施，要求全班同学都必须遵照执行，但实施中常常是两张皮，甚至会出现学生和班主任关系紧张的现象。任何管理制度，只要没有入脑入心，就不会被理解和接受，这种管理只能得到事倍功半的效果。

班主任要敢于放手，把班级文化建设的主动权交给学生，相信学生。班级既然是师生共同的一个家，就应该是“大家事情大家办，把事办好”。这是我的一贯管理主张。一个新班级的建设，班主任首先要从了解学生开始，组建班委和学生分组，然后发动、带领和引导学生，要激发学生主动参与的积极性，鼓励学生行使自己的主人翁权利。要善于利用小组讨论和通过主题班会构建适合自己班级的特色文化。例如，洛阳华洋国际学校初中部 1611 班的王琪玮老师，是一位年轻教师，第一次做班主任，他给班里学生推荐了一本小说《狼图腾》，在开展班级文化建设时，同学们从这本书中得到了启发，就有同学提出以这部小说为文化支点，一起挖掘狼的优秀品质，探寻狼的团队精神，构建自己的特色班级文化。于是，班级起了一个特别的班名“狼图腾班”。通过对这个文化支点的深度挖掘，班级精神文化建设悄然得以提升。

4. 立足“班主任的个性”特点

——班级文化建设要充分挖掘班主任自身潜能，充分利用个人优势构建特色班级文化。

我们常说：有什么样的班主任就有什么样的班集体。实际上，班风就是班主任人格的缩影。班主任的个性品质、兴趣爱好、特殊才能等，都将成为班级文化建设的宝贵资源。教师多一种兴趣爱好，就多一种与学生沟通的语言，多一条走向学生心灵深处的通道。

班级文化建设要充分挖掘班主任自身潜能，充分利用班主任的个人优势。例如，洛阳华洋国际学校小学部班主任曹锡锐老师是一名优秀的语文老师，也是一名优秀的业余足球队员。在创建班级特色文化时，通过引导学生观看足球比赛，研究足球发展史和足球比赛需要的团队精神、拼搏精神，他带领同学们从中提炼出了班名“绿茵班”，确立了以足球竞赛团队的拼搏精神为班级文化的支点，构建了独特的班级文化，收到了很好的效果。

5. 体现学校文化特色原则

——班级文化建设要以学校文化为引领，让学校所具有的文化特质，成为学生精神的归属地和心灵家园。

班级文化建设要充分体现学校优良的传统、校风、学风。一个班级就是学校的一个“细胞”，一个班级文化就是学校的一个文化特征，班风彰显校风。因此，在构建班级文化时要体现学校的文化特色，以学校文化为引领，让学校所具有的文化特质，成为学生精神的归属地和心灵家园，成为班级文化建设的导向和发展的源泉。

例如，在学校的德育 12 个品格月特色文化体系引领下，每个班级都开展了班级全年 12 个月主题班会活动，使得班级文化建设不仅丰富多彩，而且系统规范。我校年轻的班主任梁永强老师 2014 年刚刚大学毕业就接手了初中部

1407班的班主任。构建什么样的班级文化，成了摆在这位新手班主任面前的难题。他从学校的学风“自省、自律、自治、自动”中受到启发，就借力学校的学风文化构建了“自律班”特色班级文化，围绕“自律”这个文化支点撬动班级的纪律、学习等各项管理，坚持三年收到了非常好的效果，学生中考成绩突出，他本人也被评为洛阳市智慧教师。

6. 坚持活动性、实践性原则

——班主任好的治班理念通过一个个活动载体串起来，育人的目标才能落地。

班级文化建设是需要载体和支点的。结合教学进度，围绕班级学习和纪律等方面精心设计系列活动，利用一切可利用的媒介，如班级园地、班级简报、主题班会、班级演讲比赛、班级学习竞赛、班级日志等开展活动，以活动为载体来创建班级文化。

目前，班级文化建设与实践活动脱节现象还比较普遍，班级文化建设还存在走形式、做表面文章、应付检查的现象。文化是实践的历史积淀，身处既定文化环境中的人总是要通过实践活动来完善其所面对的文化。如果没有活动做载体，班级文化建设只能是一种概念，班主任好的治班理念通过一个个活动载体串起来，育人的目标才能实现。例如，女子高中班主任李露露老师，带领全班同学记了三年的班级日志，同学们轮流值周，详细记录每天班级发生的一切，从纪律、卫生到课堂学习，记录班级各种活动、取得的成绩和出现的问题，一周一小结，一月一回顾、反思。李露露老师说：“当初开始记录班级日志时，有的同学们不重视、不认真，认为是形式主义。记着记着，同学们开始感受到它的分量了，不仅重视，而且还离不开了。”一个年轻的班主任在她的班级坚持记录了三年的班级日志，在不断总结反思中，学生成熟了，班级成长了，班主任也成长为洛阳市优秀班主任。这就是通过“记录班级日志”这一活动载体将班级文化建设落到实处的成功案例之一。

7. 坚持系统性、持续性原则

——班级文化建设是一项长期而系统的工程，不能一阵风式地搞形式，做表面文章，这样不但不会产生班级文化，反而会适得其反。

班级文化建设是一个动态、系统发展的过程，不仅开始要精心设计，而且还要坚持。班级文化建设不能一阵风式地搞形式，做表面文章，这样不但不会产生班级文化，反而会适得其反。有些班主任兴致勃勃地开展班级文化建设，布置教室、开展活动等，当这些工作都完成以后，便认为班级文化建设大功告成，就可以享受班级文化带来的成果了。殊不知这仅仅是工作的开始，而不是结束。班级文化建设是一项长期而系统的工程，它不可能一蹴而就，也不可能一劳永逸，所以班级文化建设永远在路上。例如洛阳华洋国际学校在班级文化建设方面，通过 12 个品格月德育目标体系，将全年德育目标按照一年 12 个月主题德育活动和 48 个班会主题活动设计，实现班级德育目标的体系化和课程化，将班级文化建设落到实处。

俗话说："十年树木，百年树人。"打造班级文化是一项长期而系统的工程，不是一两天就能完成的，文化的功效也不是几天就能看到的。所以，班主任要尊重教育规律，耐心地经营班级文化，经过长期的积累，方能看到班级文化的重大教育成效。

班级文化建设是一项系统工程，要在学校文化引领下，结合学情，以学生的成长为着眼点，立足学生主体参与原则，突出育人导向，更需要班主任精心设计，以活动为载体，坚持持续开展，一个良好的班级文化才能形成。

四、班主任对班级文化建设的影响

班级之于学校，犹如细胞之于生命。一个人要想充满朝气，体格健康、强壮，他身体内的每一个细胞都需要充满活力。这就是个体对整体的影响。一个班级的文化建设的成效如何，将直接影响到整个学校的文化建设。文化是学校的财富之一，学校文化要想建设得好，有自己的特色，班级文化建设应该放在第一位。

人的因素是首要因素。在班级文化建设、形成的过程中，班主任所起的作用是至关重要的。班级文化建设的优劣首先取决于班主任老师的素质。班主任是一个班最大的“官”，是一个班的“法人代表”，是班级的直接管理者和领头人。班主任是班级工作的舵手，他引领着班级发展的方向，因此，班主任是班级文化建设的关键人物、灵魂人物。

班风是班主任人格的放大或缩小，有什么样的班主任，就会带出什么样的班集体，形成什么样的班风和班级文化。可以这样说，班主任的文化素养、个人魅力对班级文化建设起着决定性的作用，班级文化环境就是一面镜子，它照出了班主任的人格修养和教育观念。

班级文化建设的最终目标，不仅仅是漂亮的教室环境，最重要的还应当是从人文的角度实施班级管理，润物无声，用班级文化的氛围来感染每一个学生，带领学生走出误区，改变不良习惯，最终养成一定的人文素养，学生在超越自我、完善自我中铸造出人格精神。

从“有意识”的培养到“无意识”的养成，班主任的“总导演”角色一定要扮演到位。

1. 班主任要做学生的人生导师

——教师的优良人品，是吸引学生最根本的原因。

做人比做事更重要。有人说，人生之大事有二：一是做人，二是做事。

三分做事，七分做人。可以这样说，人生所有的失败都与做人的失败有关，人生所有的成功都与做人的成功密切相关。如果做事的能力使你获得 1 个机会的话，那么做人的能力能使你获得 100 个机会。

古人云："亲其师，信其道。"我们也常说，为人师表，率先垂范。俄国教育家乌申斯基说："任何规章制度，任何人为的机关，无论设想得如何巧妙，都不能代替教育事业中教师人格的作用。"实践证明，凡是能把班级带好的班主任，都是具有超凡的人格魅力的人，这魅力不仅仅源于得体的穿着、幽默的谈吐、优雅的仪态，更是源于内在修养的自然流露。教师的优良人品，是吸引学生最根本的原因。

苏联政治家加里宁曾说："教师，每天仿佛蹲在一面镜子里，外面有无数双精细、审视的眼睛时时盯视着你。"正因为如此，才有了"学生是班主任的影子"的说法。在很大程度上，一个班级学生的整体个性就是班主任个性的体现，看一个班级学生的综合素养就能了解班主任的文化素养。班主任的个性品质对班级文化建设的影响至关重要。一个优秀的班主任必然是全班学生的楷模，是班级的灵魂，他的个人魅力将极大地影响班级的风气。

因此，班主任在带班时一定要严于律己，真诚善良，情绪稳定，为学生树立榜样，营造良好的班风，建设有特色的班级文化，成为学生成长道路上的领路人，成为让学生一辈子都念念不忘的好老师。

2. 班主任要做学生崇拜的好老师

——教师首先要用过硬的学科知识，在教学上"镇"得住学生。

班主任的身份是多重的，既是知识的传播者、技能的培养者，也是学生学习的指导者、组织者、促进者。但班主任还有一个最基本的身份——教师。班主任要弄清楚，自己首先是一名教师，是教授学生某一门功课的学科教师。作为学科教师，班主任应该潜心研究学科教学，精心组织课堂教学，虚心学习，大胆创新，对自己高标准、严要求，努力在教学上成为本学科的教学精英、行家里手，用过硬的学科知识，在教学上“镇”得住学生，成为学生学习的楷模和示范者，从而赢得学生的信任和尊重。专业能力本身就具有一种无声的巨大的教育力。

因此，无论班级管理工作有多忙，班主任都要努力成为学科专家，绝不能本末倒置，把教学当成“副业”。如果班主任只是一门心思研究班级管理，不重视自己的学科教学，那么无异于一个“瘸腿”走路的人，既走得不好看，又走不快、走不远。就像著名的“木桶效应”，最短的木板，才是决定水桶装水容量的关键。“走路不健康”“肚子里装不了多少水”的班主任，是不足以让学生爱戴敬佩的。

3. 班主任要做“三心”老师

——班主任要充分发挥自己的人格魅力，借助自己的学科特长和自己的爱心、耐心、责任心，建设属于自己班级特有的班级文化。

班主任是用“智慧”工作，同时也是用“心”工作，这个“心”包括爱心、耐心和责任心。

和学生打交道最多的是班主任，因此，便有了“班主任是学生的第二任家长”的说法。一个班几十个学生，来自不同的家庭，有着不同的家庭背景、生活习惯、文化教养，让他们在“同一片屋檐下”朝夕相处，和谐和睦，相安无事，不是一件简单的事。

有人说，班主任是没有级别的“主任”，是“最小的官”，却管着最多、最杂、最细、最烦琐、最具体的事儿。靠的是什么？是金钱？是利益？都不是，靠的是对学生的爱心、耐心和对工作的责任心。

还有人说，爱自己的孩子是人，爱别人的孩子是神。班主任就是爱别人的孩子的“神”。一个好的班主任，会通过自己对学生的爱，让自己成为学生敬爱一生的人！

爱是最好的教育，是教育艺术的灵魂。作为班主任，首先是要用爱心无私地爱学生。

苏霍姆林斯基说：“教育技巧的全部奥秘就在于如何爱护学生。”我国近代教育家夏丏尊说的更为直接：“没有爱，就没有教育。”

爱学生是教师最基本的美德，是教育过程中最重要的因素。爱学生，既是教师职业道德的核心，也是对班主任的基本要求，更是推行素质教育必不可少的手段。爱学生越深，教育学生的效果也就越好。

另外，班主任要掌握自己所教学生的年龄段的生理和心理特征，了解其发展规律，用真挚博大的师爱，多角度地关爱学生，使之全面健康成长。

有人说，从爱（ai）到耐（nai），有n倍的距离，需要n倍的努力、n倍的付出。对于班主任来说，每天在相同的、不同的时间，都会出现相同的、不同的问题，经常还会有令人意想不到的新问题出现，班主任想解决好这些问题，必须要有足够的耐心才行。

教育家培根说：“无论何人，失去了耐心就失去了灵魂。”班主任作为班级的灵魂人物，更应该有耐心去开导学生，做好学生思想教育工作。班主任耐心教育，让学生形成习惯。有时，学生在班主任的教育下，就差一点点就能完全改变，但班主任没有坚持，结果功亏一篑，学生很有可能因为班主任少的那一点点耐心，错过改变的最佳时期，甚至输掉一辈子。因此，有时并不是班主任缺乏经营、不会教育，而只是缺少一点点耐心。没有耐心，是做不好班主任工作的。

班主任要有极强的责任心。班主任是班级的核心，是学生管理的组织者、策划者。所以班主任必须有强烈的责任心和事业心。

班主任责任心的强与弱，直接关系着班主任工作的优劣。有责任心的班主任才能培养出有责任心的学生。如果一个班主任没有责任心，他带出的班级也一定是一个学生缺乏责任心、缺乏凝聚力的班级。班主任不仅要关注学生的学习，还要关注学生好的行为习惯的养成；不仅要关注学生的当下，还要着眼于学生今后几十年的发展。“好习惯成就一生，坏习惯败坏一生”，说的就是这个道理。

一个有强烈责任心的班主任，才能赢得学生的爱戴，成为学生的偶像，学生也才能成为班主任的“粉丝”。

班主任想带好一个班，就像校长带好一所学校一样，都非常不容易。在班级文化建设的过程中，班主任要充分发挥自己的人格魅力，借助自己的学科特长，并用自己的爱心、耐心、责任心，带领学生齐心协力建设属于自己班级特有的、独一无二的、最好的班级文化。

五、让科任教师参与到班级文化建设中来

班级是学校管理的基本单元，是由班主任、科任教师和全体学生共同组成的完成教育教学工作的一个集合体。班主任既是学科教师，又负责班级学生的全面管理工作，而其他科任教师却只是负责自己所教学科的教学工作。一般情况下，科任教师是游离在班级管理之外的人，班级有什么规章管理制度、建立什么班级文化、组织什么班级活动等，都是班主任的工作，好像都与科任教师没有多大关系，这种现象普遍存在。让科任教师参与到班级管理中来，和班主任通力合作，加强了班级管理，实现全员管理的育人新模式，我们做了如下探索。

1. 明确科任教师班级管理职责

——管理班级不仅是班主任的责任，也是本班全体科任教师的责任。学校要从制度层面做好保障，让科任教师名正言顺地参与到班级管理中来。

要借助学校管理的风向标功能，在学校层面要明确提出科任教师的班级管理责任，让科任教师一起参与班级管理。这要作为学校的一项工作要求来布置，让科任教师明白，管理班级不仅是班主任的责任，也是本班全体科任

教师的责任。科任教师参与班级管理不仅是一项工作要求，更是学校必须执行的一项管理制度。因为再好的想法，如果没有制度做保障，就只能浮在表面，流于空谈，甚至中途夭折。只有从学校的制度层面做好了保障，科任教师才可以更好地参与到班级管理中来，为班级建设献计献策，形成强大的班级管理团队，班级管理不再是班主任一个人的独角戏。几年来，学校在全员德育的班级管理模式方面做了三方面的探索：第一是实行正副班主任制度；第二是中层以上干部包班制度，就是一个中层干部兼任一个班的副班主任；第三是探索科任教师全员班级管理制度，即科任教师包班制度。从领导到科任教师，全员参与班级管理，捆绑式考核，并与评先评优各项考核挂钩。这就从制度层面、评价层面和考核奖励层面，为全员德育的班级管理模式作了制度保障，将好的措施落到实处。

2. 建立平等和谐关系

——作为班级里的“一把手”，班主任要主动去联系各科任课教师，当好科任教师与学生间的“桥梁”。

苏霍姆林斯基说：任何一个教师都不可能是一切优点的全面体现者，每一位教师都有他的优点，有别人所不具备的长处，能够在精神生活的某一领域里比别人更突出、更完善地表现自己，这一点正是每一位教师对于教育学生的复杂过程所做的个人的贡献。班主任要当好班级管理的“头”。班主任是班级管理小组的组长，是班级里的“一把手”，就像学校里的校长一样，主动去联系各科任课教师，介绍本班级学生的情况、存在的问题，主动邀请科任老师参与到班级管理和班级活动中来。班主任的态度很重要，如果班主任态度不明朗，就会使教师之间发生不必要的误会，使得科任教师无所适从。这样，就会使班主任陷于孤军奋战的境地，无法形成班级管理的合力。

班主任要当好科任教师与学生间的“桥梁”，有时候科任教师与学生间产生矛盾，还需要班主任充当“调解者”，班主任要及时听取科任教师对本班学生的情况反映；在学生面前，要多介绍科任教师的专长、业绩以及其他方面的优点，尽力维护好各科教师的威信。

有人说：世界上没有完美的个人，只有完美的团队。班主任能力再强也有自己的弱项，千万不要单打独斗，一个人忙得团团转，效果还不一定好；要学会借力，当班级要组织活动时，如开展班会活动、体育活动、庆祝活动时邀请科任老师参加，让学生在活动中感到每个老师都与自己的班集体血肉相连、息息相关。逢年过节，组织学生给科任老师写慰问信、送贺年卡等小礼品，既是培养学生尊师重教的习惯，也是培养学生与科任老师的感情。要当好班主任就要充分利用科任教师的优势，以初中为例，一个班就有十几个科任教师，每个老师都有自己的爱好特长，班主任只要调动了他们的力量，就是一个强大的教育团队在共同管理班级，班级活动的开展一定会收到事半功倍的效果。

3. 建立班级管理共同体

——班主任实际上就是班级所有科任老师团队的"领导"，班主任要借力科任教师形成班级管理同抓共管的班级管理共同体。

班主任要借力科任教师，让科任教师当好班级管理的参谋，主动邀请科任教师参与班级活动。班主任实际上就是班级所有科任老师团队的"领导"，所以班主任要经常虚心征求科任老师的意见和建议，请他们为班级管理当参谋，出主意。同时要给科任老师一定的权力与自由，如自习课、晚读时间等，都可以由班主任具体分工安排相关科任教师进行辅导，参与管理。班主任只有虚心请教，借力科任教师，才能形成班级管理同抓共管的局面，提高班级学生学习成绩。班级管理是以教学为核心的，教学成绩好是班级最显性、最重要的指标之一，班主任要提高班级学生学习成绩就必须调动各科任教师，形成合力，提高集中度，否则，如果有一到两门学科成绩差，就会直接影响班级学生的学习成绩和班级的总排名。由于种种原因，一个班级在发展过程中有可能分化出几个薄弱学科，这时候，班主任就必须召开科任教师会议，分析原因，寻找解决问题的对策。

我曾经工作过的洛阳外国语学校有一位叫张洁的优秀高三班主任，她自己是教语文的，同时她也是班级各科老师的负责人。班级哪个学科成绩差，她就安排好时间，比如利用自习课时间，让薄弱学科的老师来补课；有时候她还会把自己学科的辅导时间让出来，请其他科任教师来给她带的班补课；如果是哪个学生某个学科差，她就主动协调科任教师为学生个别补课。就这样坚持了三年，她的班级高考成绩各项指标考核均居全校第一，她自己也因为教学成绩和班级管理成绩双突出被评为洛阳市优秀教师和优秀班主任。

探索科任教师参与的班级管理共同体，即科任教师包班制度，就是将没有兼任班主任的科任教师全部分到班级，组成以班主任为组长的班级管理小组，集体行使班级管理职责，原则上是以班主任为主导，每个科任教师分包对接一个小组，形成全员参与的班级管理共同体，一定会收到不一样的班级管理效果。

4. 实行正副班主任制

——正班主任抓班级全面工作，副班主任负责班级卫生、晚上查寝等，做好正班主任的“贤内助”。同时，学校要建立行之有效的考核机制，促使正副班主任戮力同心，共同打造出属于自己的特色班级。

实行正副班主任制管理，就是正副班主任有明确的职责分工，正副班主任都有相应的班主任津贴，津贴发放和班级考核挂钩。如洛阳华洋国际学校小学部全部实行正副班主任管理机制，六年来收到了很好的班级管理效果。

学校是一个大家，每个班集体就是一个小家，班级的一些琐碎事情就像家务事一样繁多，特别是寄宿制学校，除了正常的教学工作，学生的衣食住行都要管，仅靠班主任一个人的力量是远远不够的。实行正副班主任管理制，每个班级就有两个管理人，正副班主任各司其职，各负其责，分工协作，互相配合。正班主任抓班级全面工作，具体负责学生学习纪律、班级文化建设、班委会的成立和家长的沟通、学校大型活动的参与等工作。副班主任负责班级卫生、晚上查寝等，做好正班主任的“贤内助”。这样，任课教师肩上有了担子，组织管理班级的积极性就会得到提高，遇到学校大型活动或者正班主任无法脱身的时候，副班主任就会主动协助搞好班级工作。同时，学校要建立行之有效的考核机制，正副班主任的津贴按照工作量的大小比例进行分配，每人的考核与班级工作的成效直接捆绑，这样就会促使正副班主任戮力同心，共同打造出属于自己的特色班级。

六、借力家长共建和谐班级文化

建设和谐平衡的班级文化“生态系统”，离不开家长的支持。关于家庭教育的重要性，苏联著名教育家苏霍姆林斯基是这样说的：“学校教育存在的一切困难的根源都可以追溯到家庭。没有家庭的配合，学校的很多努力都是白费。”他还说：“光有学校教师的努力，哪怕是相当大的努力，其效果也是有限的。”因此，无论是班级文化建设，还是班级管理、教育教学的各个方面，班主任都必须联合好自己的同盟军——家长。

1. 家庭教育是班级文化建设的基础

——家庭教育是“根”的教育，班主任要多和家长沟通，对学生实施“私人定制”，让学生既能融入班集体，又能恰当保留个性，成为最好的自己。

家庭教育是“根”的教育，是为人生大厦奠基的教育。有人说，孩子来到学校的时候，已经是一个“半成品”了。从生理学角度来看，孩子生命的前 6 年，是大脑成长的关键期，而前 3 年是培养心智成长的关键期，几乎每个人的一生在其 6 岁前就已经决定了。因此，美国费城人类潜能研究所所长格林·杜曼说，教育始于6岁，学习始于出生。格林·杜曼的观点与我国的古话“三岁看大，七岁看老”不谋而合。所以说，人的学习，从一出生就开始了，而学习的场所就是家庭，学习的对象就是家长，因此我们说“父母是孩子的第一任老师”。

一个孩子就是一个世界，是独一无二、不可复制的他自己。一个班，有四五十个“不可复制的他自己”，班主任既要统一管理，又要各个尊重，想一想都不是一件容易的事。那么，班主任该如何做呢？对于班主任来说，在人格上，要对学生一视同仁、平等对待；在教育方法上，则要因人而异、因材施教，差异化对待。和家长沟通是快速了解学生的捷径，班主任要多和家长沟通、交流，对学生的教育实施“私人定制”，让学生既能融入班集体，又能恰当保留个性，成为他最好的自己。

2. 赢得家长的认可，班主任工作会事半功倍

——从关爱孩子的角度出发，老师和家长就很容易站到同一条战线上。

班主任除了用人格魅力吸引学生，还要利用自己的人格魅力吸引家长，让家长共同参与到班级文化建设中来。赢得了家长的认可，班主任的工作就成功了一半。

家长和班主任的关注点是一样的，都在学生身上，因此，只要班主任运用智慧,从关爱孩子的角度出发,那么老师和家长就很容易站到同一条战线上。

班主任要尊重家长。马斯洛认为，人的被尊重的需要得到满足，就会对自己充满信心，对社会满腔热情。家长如果能够得到班主任的尊重，他可能会加倍地尊重班主任，全力以赴地支持班主任的工作。每一个孩子身后都有一个家庭，50个孩子就有50个家庭，有100个家长。这些家长生活在社会的各个层面上，社会关系也是千丝万缕。在班主任开展班级文化建设时，如果让家长为班主任的工作搭建平台、提供帮助、给予支持的话，那么结果必将是精彩纷呈的，班级文化建设就不会成为无源之水、无本之木。

班主任要多和家长沟通。沟通是桥梁，也是学习、共享的过程。如果这个世界缺少了沟通，那将是一个难以想象的世界。班主任要掌握和家长沟通的技巧，现代通信技术如此发达，除了面对面的沟通，还可通过电话、QQ群、微信群的方式进行沟通。QQ群、微信群都可以成为班主任和家长相互交流、相互学习的平台，家长能够及时了解孩子及班级情况，有问题能够及时了解、反馈、沟通、解决。这样，家校间就建立了良好的沟通关系，班级就会朝着良性循环的方向发展。

班主任要“放权”给家长。家长有着不同的学历背景、工作岗位、人生经历。某些时候，家长看问题的方法、思考问题的角度与教师不同。在对孩子的教育上，他们积累了许多好的经验，也有着深刻的教训、真切的感悟，每个家长都有自己的想法和值得借鉴的做法。这种教育资源是取之不尽、用之不竭的，因此，班主任要把家长的热情充分调动起来，充分利用他们的教育资源，发挥他们的聪明才智，为班级建设出谋划策，参与营造班级文化氛围。可以说，家长资源是班主任的资源宝库。

班主任要经常“放权”给家长，如：学校开设“家长大讲堂”，请家长走进学校，走上讲台，给孩子们上课。家长结合自己的职业、兴趣、爱好，认真备课，制作精美的课件，给孩子们讲理财知识，爱眼、护牙常识，换季防病秘诀，防拐骗常识……内容涉及100多项。家长通过讲课，体验了老师的辛苦，了解了学校的工作，从而更加配合学校的工作，积极参与到班级的各项工作当中，为班级文化建设贡献了更大的力量。

3. 构建“三位一体”的育人格局

——学校教育是主体，家庭教育是基础，社会教育是学校教育和家庭教育的延伸和发展，班主任要了解这三者之间的联系，这对开展班主任工作具有重要的作用。

学校教育并非教育的同义词，学校教育也仅是整个教育的一部分。当代教育是一个大的学科范畴，绝不能把学校教育等同于教育，更不能把学科知识的传授或学习等同于教育。教育应该是学校教育、家庭教育和社会教育三者有机结合的育人系统。要实现这个育人系统的和谐、平衡，学校教育、家庭教育、社会教育都担负着不可或缺的重任，三者缺一不可。班主任了解学校、家庭、社会三者之间的联系，这对开展班主任工作具有重要的作用。

学校教育是主体。从功能来看，学校教育是教师依据一定的教育方针，有目的、有计划、有组织地对学生进行培养教育的社会化活动；从学校育人环境来看，学校教育是为学生提供积极向上的学习氛围，给学生的学习创造和谐舒适的学习环境，激发学生奋发向上，塑造学生努力拼搏精神的场所；学校教育是学生受教育时间最集中的地方，在这里，更有利于学生全身心接受各种知识的传授，学会做人、学会生活、学会劳动、学会运动。

学校除了对学生实施学科知识的教授，还是对学生进行素质教育的最重要场所。它不同于家庭、社会的影响，对学生思想品德的健康成长，树立正确的人生观、价值观、世界观，有着不可替代的而且是不容忽视的优势。

家庭教育是基础，是对学校教育的有益补充。家长的教育理念会影响班级发展的质量，所以，与学校教育联系最密切的家庭教育，在学生成长中有着极其特殊的作用。家庭是孩子成长的摇篮，父母是孩子的第一任老师，家庭是孩子接受教育的第一课堂，一个孩子从出生到步入社会前，绝大部分时间是在家庭中度过的，良好的家庭教育，能让孩子受益一生。家庭教育是终身教育，具有长期性、持久性等特点。孩子从小就受到家风的熏陶，形成最初的伦理道德观念、审美观念和劳动观念，影响今后甚至一生的行为习惯。

瑞士教育家斐斯塔洛齐说："道德教育最主要的场所是家庭。"借力家长，会让班主任的工作顺利很多，借力家长资源，能让班级文化建设成效显著，能帮助班主任早日将和谐平衡的班级文化生态系统由理想变成现实。

社会教育是学校教育和家庭教育的延伸和发展。通过社会教育，学生可以在复杂多变的社会环境中不断增强分析能力和应变能力，可以在社会大课堂中体验各种不同的社会角色，学习社会规范，扩大社会交往，养成现代素质，培养国际视野。

学校教育、家庭教育、社会教育之间相互联系、相互合作、相互促进，缺一不可。班主任要积极拓宽自己的视野，密切配合学校，构建学校、家庭、社区“三位一体”的整体教育格局，让学校受益、班级受益、老师受益、学生受益。

七、班级文化建设的几个常见误区

班级文化是一种隐性课程，具有无形的教育力量。班级文化的外在表现形式为教室环境、班级制度、学生精神状态等内容。班主任对班级文化建设的深层意义认识不够，常常导致班级文化建设中科学性缺失，出现走形式、摆样子、零散化、短期化、形式化等误区。

误区 1：对“班级文化”概念理解浅表化

——班级文化建设是需要反复斟酌的系统构建，不是几个横幅、几句标语、几幅画能解决的，班级文化是一个慢慢生长的过程。

把班级文化简单等同于班规、班纪和教师权威，认为班级文化是来“管”学生的，这种做法虽然能够实现管理的职能，但是却消解了许多文化内容的教育价值。健康的班级文化的意义绝不限于班级中的秩序，它既有一定的约束作用，更具有激励、凝聚、引领等功能，是通向班级和谐发展的绿色通道。

浅表化表现一：认为班级文化建设就是制订《班级文化建设方案》。

有些班主任在不了解班级特点的前提下，急于制订《班级文化建设方案》，例如起个班名、提出班级口号、拟订班训、制作班徽、确定班歌等，最后，方案制订好了，把它贴在教室里，就万事大吉了。殊不知这个方案也许并不符合班级情况，可能是一种脱离班级实际的、缺乏内涵的班级文化，不能引起学生的共鸣，也就不能对班级起到激励和引领的教育作用。如一所学校举行班徽设计大赛，某班班徽最后获奖，但一问班里其他同学，其他同学并不知道这个班徽代表什么，原来是班主任找了班里一位美术功底非常好的学生设计的。这个学生以艺术的眼光设计的班徽固然是美的，但它既可以用于这个班，也可以用于其他班，不具有本班级的特征，没有班级全体成员的参与，班徽的设计就背离了班级文化共同建设的初衷。

浅表化表现二：把班级文化建设理解为班级环境布置，将班级文化建设简单地理解为改变教室的物理环境，尤其是美化教室的墙面。

这在某种程度上的确能烘托出一定的班级文化氛围，但对学生发展的影响是微弱的，因而不具有文化的威力。这些只是班级文化的表层或者说是外壳，它不能触动学生的心灵。

班级文化不是贴在墙上来观赏的。班级文化是一个慢慢生长的过程，在上墙之前，是师生对话、共同探索、达成共识的过程；上墙之后，是努力践行的过程。苏霍姆林斯基说：让每一面墙壁都说话。说什么样的话，为什么说这些话，怎样说话，说了之后怎样，都是班级文化建设中需要反复斟酌的，不是几个横幅、几句标语、几幅画能解决的。

误区 2：班级文化建设的形式化和空泛化

——班级文化建设要进行系统建构与整体设计，每周一次的主题班会成为班级文化落地的载体，用行为积淀文化。空泛的班级文化往往表现为生命力的缺乏甚至丧失，成为没有灵魂的“班级文化”。

有些班主任对班级文化建设的整体性和持续性缺乏认识，不能把班级文化作为一项长期的系统工程去开展，而是带有较大的随意性。有时是为了完成学校布置的任务，比如，新学期开学，学校都会要求班主任开展班级文化建设，这时就会出现一阵风似的布置美化教室环境，完成之后，便搁置一边。

后来，可能是上级要来检查，班级文化建设又被提上了日程，于是又重新开始热火朝天布置起来，如此往复。班级文化建设由于缺乏系统建构与整体设计，前期开展班级文化的积淀与后边班级文化建设的思路不连续，所以这种班级文化建设只能是一种形式化、表面化的东西。

班级文化落地的主要载体是主题班会。尽管班会排在课程表上，可是相当一部分学校和班主任都没有开展系统的班会活动，而是把班会课上成文化补习课、自习课，或者在班会课上班主任随意谈谈班级琐事，传达一下本周学校的活动要求，不能精心组织班会课程对学生进行精神引领，导致班会只是流于形式。

班级文化建设则是主题空洞与宽泛，内容单一，缺乏针对性。抓学习是班主任想到的永恒主题，很少有学习之外的精神层面的主题和鲜活丰富的内容，所以这种空泛的班级文化往往表现为生命力的缺乏甚至丧失，可以称为没有灵魂的班级文化。

误区 3：班级文化建设中学生主体性的弱化

——学生们自己参与制订的班规更有一种契约意识在其中，有自我的说服教育，因此，也更能为他们自己所接受。班级文化是浸润学生心灵的力量，只有学生积极参与，这种力量才能充分释放出来。

不少班主任在班级文化建设中习惯于一切由自己做主，班主任“一言堂”，从班级文化建设的主题确立到内容形式的选择，都仅仅体现了班主任对班级的控制与权威，学生完全处于被动地接受，学生在班级中主体性弱化或者缺位。这样的班规是班主任空降的，学生不理解、不认同、无共鸣，甚至还有抵触情绪，这样的班规挂在教室里也只能是一个标语口号，起不到对学生教育的目的。我们经常可以看到这样的班规：不得迟到、早退、旷课；上课不得看与课本无关的书籍、报刊等，否则没收；坐姿端正，对号入座，上课不睡觉，不吃东西，不影响他人学习；衣着整洁，不得赤膊光身，袒胸露背，不得穿拖鞋；

所有作业必须独立完成，不准抄袭，考试不准作弊……这样的班规写满了“不得”“不准”，尽管道理都是正确的，但未必为学生所接受。

我们来看一份学生自己讨论制定的班规：遵守集体作息时间，每天一起跑步锻炼身体；做好自己的一份值日，每天为他人付出一点点；坚持每天阅读，和那些伟大的人物交谈一会儿；坚持每天练字，这可是改变我们形象的利器；坚持每天反思，“君子博学而日参省乎己”，就可以接近完人了；保持自习课的安静，安静中才能听到我们自己的拔节声；在需要集中的场合做到快、静、齐，这是我们的形象工程；诚信考试，诚实地对待我们自己……

内容是一样的内容，但学生们自己制定的班规更有一种契约意识在其中，有自我的说服教育，因此，也更能为他们自己所接受。

学生才是班级文化建设的主体。学生参与班级文化建设的过程，就是自我教育的过程；班级文化建设的过程也是对学生进行教育和凝聚的过程。这样建立起来的班级文化才有生命力。班级文化更应是浸润学生心灵的力量，只有学生积极参与，这种力量才能充分释放出来。

误区 4：班级文化建设刻意追求个性化、立竿见影

——班级文化建设是一个长期而系统的工程，一个班有几十个同学，他们要形成共同的文化认同感，不是一两天能够形成的，文化的功效也不是几天就能看到的，需要耐心地经营和长期地积累。

班级文化建设需要个性化，但是有些班主任刻意追求班级文化建设的“个性化”，认为班级文化一定要“与众不同”，我们一定要制订比别的班更有个性的文化。打造特色班级文化，如果不从本班实际出发，刻意追求个性和特色化，只会让班级文化“四不像”，华而不实，不接地气，不实用。

有些班主任兴致勃勃地开展班级文化建设，布置教室、开展活动等，当这些工作都完成以后，便认为班级文化建设大功告成，就可以享受班级文化带来的成果了。殊不知班级文化建设是一项长期工程，文化设计仅仅是工作

的开始，而不是结束，不可能立竿见影。打造班级文化是一项长期而系统的工程，一个班有几十个同学，个性差异较大，他们的文化认同感不是一两天就能形成的，班级文化的功效也不是几天就能看到的。

以班级板报为例，一些班级的板报经常是学校要检查了才换，不检查了几个月都是一个样。而用心的老师是绝不会放弃这块阵地的，节日的更替、班级阶段性目标的变化，都会在板报上适时地呈现出来。例如洛阳市特级名师、河南省优秀班主任韩秀清老师，她围绕高二上学期期末学业水平考试这一主题，指导学生环环相扣推出了几期班级板报主题：

主题一：行远自迩，登高自卑

内容：扎实基础，学业水平考试复习动员。

主题二：最大的收获是错题

内容：复习检测。

主题三：底气来源于努力

内容：鼓励学生坚持。

主题四：不只是收获了分数

内容：学业水平考试反思。

通过这种设计，班主任引导学生们学会如何学习，如何有头有尾地去做好一件事。

所以，班主任要尊重教育规律，耐心地经营班级文化，经过长期的积累，方能看到班级文化的重大教育成果。

误区 5：班级文化建设与实践活动脱节

——班级文化建设就是要通过班级一系列实践活动，激发学生主动参与，促进和保持班级互动，进而形成良好的班级文化。

许多教育学者都曾提出班级的生态系统观，认为“教师和学生就是生活在这个环境里的‘居民’，因而，班级乃是‘居民’和‘环境’交互作用而形成的生态系统”。班级活动本身就是一种寻求对话的实践活动，是信息交流的过程。班级文化建设正是通过不断调节班级活动，激发学生主动参与，促进班级学生交流；同时又通过有效的班级学生交流，促进和保持班级学生互动，进而形成良好的班级文化。

班级文化建设就是以班级一系列实践活动为载体落地的，如主题班会活动、班级日志、班级各类竞赛活动、班级故事会等，把育人的目标通过一个个鲜活的班级实践活动体现出来，培养学生的品质，塑造学生的人格。前面提到的河南省优秀班主任韩秀清老师是一位非常有“金点子”的班主任，她每带一届学生，都会让学生轮流写班级日志，这不仅培养了学生的责任意识，带动了班级管理，也留下了班级的美好回忆。学生毕业后，把班级日志拍照发到他们的公共空间，成为班级的共同记忆。如德育 12 个品格月主题实践活动，就是通过 12 个月主题活动和 48 个班会主题活动，实现了全年主题班会课程化，有效地将社会主义核心价值观、中小学生核心素养和学校立德树人的核心理念落到了实处。

误区 6：班级文化建设中缺乏理论

——教育实践做到一定程度，必然产生对教育理论的需求。班主任有了理论的根基，才不会生搬硬套别人的经验，才能让班级文化“有根”。

一些班主任在建设班级文化时，缺乏相关理论知识，不知道该到哪里去寻求理论的支持，往往凭借个人经验采取行动，导致班级文化建设缺乏连续性、科学性，出现波动性，甚至有朝令夕改的现象。如有些班主任在班级文化建设时，一个学期搞一个花样，或者生搬硬套别人的经验，不切合本班学生的实际，到头来只能是半途而废，不了了之。

其实，教育实践做到一定程度，必然产生对教育理论的需求。班主任要系统学习相关班级管理的理论，学习教育学、心理学知识，积极参加校内外班主任培训，学习借鉴优秀班主任的经验，结合自己的工作实际，遵循教育规律，做一个有思想的班主任。按照《中小学班主任工作规定》，班主任应具备“七种”角色：德育工作的教导员、班级组织的管理员、文化学习的服务员、团队活动的辅导员、学生健康的护理员、操行评定的裁判员、各方关系的联络员。班主任怎样提高自己的班级文化建设水平呢？首先，要提高对班级文化建设的认识；其次，要提高班级文化建设的理论水平；最后，要有持之以恒的工作热情，因为班级文化建设是需要长期坚持才能形成的过程。

综上所述不难看出，班主任是班级文化建设的灵魂人物，班级文化建设要结合班情，精心设计班级文化建设的方案，依据方案系统持续地去开展才能形成，班级文化建设贵在坚持；同时班级文化的形成要突出师生的共同参与，以学生为主体，以丰富多彩的活动为载体，只有这样才能将班级文化落到实处。文化不是凭空产生的，文化的建设需要载体和支点，支点可以让文化充满活力，撬动师生的创新动力，载体可以让文化落地生根，沉淀出学校独有的精神气质。物理学家阿基米德说过：“给我一个支点，我就能撬动整个地球。”在这里，我要说，找准班级管理的文化支点，你一定会收获一个精彩的班级管理。

八、班级管理的十个法宝

班主任管理一个班级，如同一个校长管理一所学校，不仅要有理念引领、制度保障，更要研究管理的策略和技巧。班级是学校思想教育的基本单位，班级管理工作的好坏，直接关系到学生思想觉悟、组织纪律、学习成绩、综合素质表现等方面的教育。做一名优秀的班主任不仅要明白什么事情不能做，更要清楚什么事情应该做，做到心中有数。如何做到科学有效地管理班级？本文结合一些优秀班主任的管理经验，和大家谈谈班级管理的十个法宝。

1. 班级管理起步是关键

——开局决定结局，要特别重视开学第一个月的班级管理。

一个新班级的管理，起步是关键。俗话说："万事开头难。"对班级管理中的各种"第一次"，我们都必须认真对待，做好充分的准备，如第一次做自我介绍、第一次开班会、第一次开家长会、第一次组建临时班委等。开学第一个月的班级管理是关键，头两周班主任要带领学生反复学习《中学生守则》《中学生日常行为规范》《文明寝室量化管理细则》以及学校其他的规章制度，要求学生时时、事事按照这些规范来严格要求自己的言行。同时，班主任要尽快熟悉学生，组建班委，开展班级文化建设，寻找班级之魂，树立班级目标，统一学生思想。在班级精神的引领下，带领学生共同制订班规及三年学习规划。如此，学生心中有目标，行动有保障，一个规范有序、积极向上的班集体才能逐渐形成。

2. 班委是良好班风的领头雁

——抓住了班干部就是抓住了班风。

"大雁高飞头雁领"，班干部就是"领头雁"。一个良好的班集体，不光需要班主任的正确组织和指导，还必须有老师的得力助手、同学们信任的"领头雁"——班干部。因此，选好班干部是最重要的。

班干部的选举可以采取自荐和民主选举相结合的形式，把主动权交给学生，让他们互相观察、调查、自荐或举荐一些成绩好、品德优、关心集体、团结同学、有一定领导能力的人来参加竞选，然后在全体同学中民主投票表决。

班主任对班干部要进行培训，对其工作做出要求。抓住了班干部就是抓住了班风，当班级中出现"不正之风"，班主任即可与班干部商讨，由班干部带头进行纠正，进而去影响和督促其他同学转变。因为班干部是学生们信任的人，所以，同学们愿意尊重并协助班干部，同时更加严格要求自己。

3. 班级量化考核制度是保障

——没有规矩不成方圆，班级管理要有章可循、有法可依。

一个班主任要想尽快有效地实施自己对学生的管理，就必须制订完善的班级量化考核制度，使学生清楚班级各项工作要求及其评价标准，做到有章可循，有法可依，进而统一思想，规范行为，保证班级工作顺利开展。班级量化考核的内容一般从学习、纪律、卫生三大块入手。制度要明确、具体，具有可操作性，但不可过细。在规则的落实中，班级绘制记录考核表格，并建立相应的管理机制。班级考核内容不是一成不变的，每年可以根据班级或年级实际情况有所调整，最好组织班委和任课老师商讨制定，并且在班会课上集体表决。这种民主的做法有利于学生真正参与到班级量化监督管理的落实中来，及时处理管理中出现的问题，也有利于学生民主意识、健康人格的形成。

班级量化管理一旦实施，班主任一定要坚持客观公正和持之以恒的原则，只有这样，才能使班级量化管理产生良好的整体效应。班级量化考核保障了良好班风的形成。学生每天的日常行为活动评价被及时记录，及时总结反馈，管理具有了科学化和透明度，学生行为表现处在全班同学的监督之下，也促使有问题的学生渐渐改掉缺点，养成良好的习惯。

4. 集体观念建立是班级管理核心

——集体意识的培养应贯穿于班级管理的各个环节、各个细节中。

苏联著名心理学家维果茨基指出，“他人”是促进学生人格发展极为重要的中介。这里所言的“他人”，指的不仅仅是单个教师或者同学，更重要的是组织起来的学生群体——集体。

现在的学生个人意识强，个别孩子我行我素，做事不计后果，易冲动，自尊心极强。加强集体意识教育对修炼学生的大局观念，提升学生做人、处事能力很有帮助。集体意识的培养不能一蹴而就，班主任从接手班级开始就要有意识地进行系统的培养和建立。有的班主任总认为只有通过开展各种活动才能最大限度地培养学生的集体意识。我以为集体意识的培养应贯穿在班级管理的各个环节，应渗透在班级日常管理的各个细节中。活动只是学生集体意识集中展现的“平台”，是检验学生日常所培养的“集体意识”强弱的“媒介”。洛阳华洋国际学校开展的“网格状捆绑式”小组量化考核形式就强化了班级小组建设，培养了学生的集体意识，为班主任抓好学生集体意识教育创设了很好的平台。

5. 班主任身体力行是榜样引领

——身教重于言教，榜样的力量是无穷的。

孔子说：“其身正，不令而行；其身不正，虽令不从。”孔子强调了教育工作中身体力行的引领作用。班主任更应该用实际行动去影响、带动学生。例如，你要求学生上课不能迟到，那么班主任在上课前就应该提前到教室，检查学生有无迟到行为。常年如此，学生自然也就不会迟到。再比如，教室中有课桌摆放不整齐、卫生打扫不彻底、花卉管理凌乱等现象，班主任进入教室，对此不要只批评，而是要主动地用行动去纠正，那么这种“润物细无声”的做法，一定是班主任对学生的最好教育。

“桃李不言，下自成蹊。”教师是人类灵魂的工程师，我们应当充分地认识自己言行举止的示范作用，不断加强自身的品德修养。时时、事事以身作则，为人师表，成为班级管理的无形力量。

6. 宽严结合是管理班级的智慧

——严格从来都不是错误的教育方式，做到宽严适度才是班主任的管理智慧。

宽容，是一个人宅心仁厚的体现。具体体现在老师这里，宽容就是遇到事情的时候，慢半拍儿，静下心，处理事情的时候能够换位思考。学生尤其是中学生，十几岁的孩子，犯错误在所难免，我们可以多关心他们，了解他们的心理状态，甚至家庭生活。静下心来和他们好好谈一谈，以宽容相待，这样才能使我们的教育和管理有的放矢。

严格，似乎和宽容水火不容，但严格从来都不是错误的教育方式，无论是军队还是学校，都应该有严格的纪律和要求。严格要求是对的，但是一定要注意教育的方式方法，切忌用挑剔、苛刻、极端的方式对待犯错误的孩子，过激的教育手段容易对孩子的心灵造成伤害，有时候还可能会激化矛盾，出现严重的不良后果。很多优秀班主任都是严师慈母，一味对学生的放松才是教育的失败。只有坚持原则，丁是丁卯是卯，有成绩就表扬，有错误就批评，赏罚分明，公正公平，不袒护、不放弃任何一个学生。该严厉的时候严厉，该宽容的时候宽容，做到讲究策略、宽严适度才是班主任的管理智慧。

7. “德智”并重是工作目标

——作为班主任，我们在关注学生学习成绩的同时，更应该关心他们的做人。

人们常说：“有德有才的是佳品，有德无才的是次品，无德无才的是废品，有才无德的是危险品。”这看似有点荒诞不经的话，却在不经意间表述了一个正确的人才观。我们在学校，每天都抱着一本教科书在课堂上宣讲，作为教书育人的师者，每天与学生打交道的我们是在培养“佳品”“次品”“废品”，还是“危险品”呢？这是每一位教育工作者都必须思考的问题，而学校的德育工作也因此变得格外重要。

德育工作贵在言传身教和持之以恒。日常教学活动中班主任天天陪伴学生身边，一言一行无不传达着自己的人生观和价值观，对学生的影响可谓最直接、最有效。假如我们在教学中为了提高成绩，急功近利，甚至弄虚作假，又怎么去教学生求真，去做一个真人？假如因为学生的成绩考得不理想，我们大发雷霆，在学生面前不惜爆粗口、动手脚，又将给学生带来怎样的恶劣影响？因此，“要想清除旷野里的杂草，最好的方法是种上庄稼；同样，要想根除灵魂里的杂草，必须用美德占据它”。

“千教万教教人求真，千学万学学做真人。”陶行知的话应该时常在我们耳畔响起。作为班主任，我们在关注学生学习成绩的同时，更应该关心他们的做人。德智并重才是我们管理的最终目标。

8. 家校共建是班级管理的法宝

——教师与家长是两个并肩工作的雕刻家。

在学生成长的过程中，家校就像是教育的左右手，缺少任何一方面，教育要成功是行不通的。苏联教育家苏霍姆林斯基说：“教师与家长作为两个并肩工作的雕刻家，有着共同的理想观念，并朝着一个方向行动。要知道在创造人的工作上，两个雕刻家没有对立的立场是极其重要的。”家长是家庭教育的实施者，班主任只有与家长充分沟通、相互配合、步调一致，才能共同教育好学生，促进学生健康成长。

学生的坏毛病、坏习惯不是一朝一夕形成的，也绝非学校教育所能全部解决的，教师特别是班主任必须用足够的耐力和智慧与家长联手，真诚邀请家长参与班级管理，甚至参与班级活动，让家长明白家庭教育的重要性，教给家长与孩子相处的方法，学会跟孩子沟通，及时发现孩子思想变化的征兆。如果家长积极配合学校，与教师相互尊重，形成合力，我们的工作就会有意想不到的收获。

9. 学生心理健康不可忽视

——只有从尊重出发，学生才能敞开自己的心扉，心理教育措施才能奏效。

当今社会快节奏、强压力的生活也影响了学校，当一个又一个花季少男少女以极端的方式结束生命的消息传来，我们痛心、遗憾，更深深思考：我们的孩子到底怎么了？我们的教育缺失在哪里？这些事件提醒我们：在孩子的成长过程中，心理健康教育是十分重要的。重视学生的心理健康，这不仅仅是对学生个人成长的一种关注，更是新一代人才综合素质的一种培养。这项工作，从家庭到学校乃至整个社会都责无旁贷。而作为每天陪伴在孩子身边的班主任，重视孩子的心理健康更应责任至上。

班主任要随时关注学生成长中的心理变化，了解学生，与之加强交流。由于各种主客观原因，一些学生很难主动向老师表达自己的思想。这就要求班主任要经常深入班级，利用适当的机会和场所，让学生自由自在地表达思想情感，从中了解学生的心理现状，有针对性地开展工作。

另外，与学生谈心，也是对学生进行心理教育的有效方法之一。通过个别谈心，拉近与学生的心理距离，做学生的知己、朋友，发现、掌握某些同学的问题，再“对症下药”。通过耐心细致的工作，给他们所需要的帮助，对学生进行有效的心理调节，让他们把心里的负面情绪宣泄出来，从而摆脱不良情绪的困扰。

关爱学生，更要尊重学生。尊重学生包括尊重学生的人格，尊重学生的劳动，尊重学生的成绩，尊重学生的隐私等。只有从尊重出发，学生才能敞开自己的心扉，心理教育措施才能奏效。

为了提高学生的心理健康水平，除了常规教育，教师还要注意日常的各种教育因素，让学生在耳濡目染中获得心理的健康发展。班主任在教学实践和日常生活中，要不断提高自己各方面的能力，保持积极向上、平和开朗的心境，用自己的人格魅力，潜移默化地影响学生。在开展的班级文体活动中，帮助学生克服自卑、焦虑情绪。对于他们在各种活动中取得的成绩，哪怕是一点点进步，都要大力鼓励。

总之，关注学生心理健康，提高他们的心理素质，促进他们的身心健康全面发展，使他们具有尽快摆脱障碍、调节自我、适应环境的能力，是我们教育工作的重中之重。

10. 班级活动是治理班级的良方

——让班级活动成为班主任工作的“主课堂”。

班级活动是治理班级的良方。作为班主任，除了组织学生积极参加学校组织的各种大型活动，还应该利用各种教育契机组织丰富多彩的班级活动。

班级活动能够寓教于乐，可以让学生在活动中涵养心灵，启迪智慧，提升人格。开展班级活动其实就是营造教育的环境。学生在其中往往是全身心投入的，不仅动手而且动脑，不仅生情更有思考。此时，教育不再是外在的强制形式，而是潜移默化的过程。受到学生欢迎的班级活动，是最有魅力的德育。注重学生发展的班级活动是德育的最佳途径，成功的班级活动，能使学生充分受益，终生难忘。

活动的形式、内容可以根据班级实际情况而定，讨论争议的范围也可以很广，同学们展示发言的机会也可以很多。班主任可以充分利用主题班会的时间，比如举行个小演讲，做个小游戏，看个小视频，等等，或在欢声笑语中，或在泪光盈盈中，让他们的思想得到升华，让班级活动成为班主任工作的“主课堂”！

记者观察

用文化载体塑造精神气质

文化是行动的产物，学校文化建设必须要有抓手、有载体，这样才能做到有的放矢。

在学校文化建设中，仪式、活动、课程是重要的抓手和载体，在学校文化中发挥着重要的作用。这些文化载体，体现着学校的办学思想、办学特色，也塑造着学校的精神气质，其最终体现在学生的行为举止上。

学校文化的载体有很多，洛阳华洋国际学校（以下简称“华洋学校”）主要通过 4 种载体来积淀和形成学校的文化内涵。

德育 12 个品格月：让核心素养落地生根

9 月是学校的“目标理想月”。在这个月里，小学部开展了教师节“行启蒙拜师礼”活动，初中部开展了“迎中秋，话团圆”主题活动。围绕着“目标理想”的月主题，学校又设计了每周一个主题的班会课，比如初中部的主题为：第一周，“良好的开端是成功的一半”；第二周，“教师节——你最想对你的老师说什么”；第三周，“勿忘国耻，振兴中华”；第四周，“相信自己，不断超越——制定自己的成长规划”。这些班会在主题确定的前提下，每位班主任可以根据班级情况，自己选择和设计班会的内容。

从 2013 年开始，学校围绕着学生的核心素养培养，将德育的 12 个目标分布在每年的 12 个月中，并以每月盛开的鲜花为代表，以“花语”引领当月品格的内涵。如初中部 9 月是“目标理想月”，10 月是“拼搏月”，11 月是“成长月”，12 月是“创造月”；2014 年 1 月是“励志月”，2 月是“亲情月”，3 月是“环保月”，4 月是“文明礼仪月”，5 月是“爱心月”，6 月是“理解月”，

7 月是“诚信月”，8 月是“实践月”。

学校德育处统筹 12 个品格月活动，每月的 23 日布置下一个月的主题及要求，给予充分的准备时间。围绕每月的主题，学校以班级为单位，设计并开展具有自己创意的活动，开展每周主题班会。

裴素青校长这样解释如此设计的目的：学校提倡“三成”教育，即成人、成才、成功。其中，成人是前提，学生首先要学会做人，然后才是学习。

为什么要用每月盛开的鲜花来代表一种品格？小学部张华校长说，这是学校的一种创新，“洛阳是牡丹花城，不同的花都有不同的美好寓意，给人一种向上、阳光的感觉”。比如，2 月是“亲情月”，因为这个月中有春节。中学部在寒假里为学生布置了三项亲情月实践活动：搜集春联、写春联活动；做社会调查“三代人童年的春节记忆”；“学家谱，制家谱”，为家族中最敬仰的人写传记活动。小学部则设计了“亲手制作贺年卡送长辈”“孝敬长辈，感恩父母，做一件感恩实事”“与父母一起制作大红灯笼，写灯谜”等活动。

在 3 月，有学雷锋日、植树节、世界水日。综合这些因素，中学部把 3 月定为“环保月”，通过一个月的主题活动“我为校园种棵树”“给地球的一封信”等，培养学生的环保意识。中学部将 3 月的“品格花”定为紫藤，并给出“花语”解读：“属豆科、紫藤属，是一种落叶攀援缠绕性大藤本植物……代表保护环境，美化自然，从我做起，从点滴做起。”

六大社会主题实践活动：拓宽学生的发展空间

洛阳有着 5000 多年文明史、4000 多年的建城史和 1500 多年的建都史，先后有 105 位帝王在此建都。有文赞曰：“史学考证知，文明首萌于此，道学肇始于此，儒学渊源于此，经学兴盛于此，佛学首传于此，玄学形成于此。”生在洛阳、长在洛阳的华洋学子，更应了解家乡、热爱家乡。为传承洛阳文化，提高学生的社会实践能力和综合素质，多年来，华洋学校开展了一系列的社会主题实践活动。

比如今年开春，学校启动了“河洛文化寻根之旅”活动，学生分批次分别到洛阳博物馆、王铎故里、汉光武帝陵、千唐志斋等地实地探访洛阳的文化古迹。这些活动让学生感受到洛阳这个城市的深厚文化，为自己是洛阳人而感到自豪。这些实践活动都进行课程化的管理，充分发挥育人的功能，使学生在社会实践中改变学习方式，拓展学习资源，拓宽发展空间。

说起“探寻洛阳文化之旅”，小学部1103班的张嘉琳还记忆犹新：“我们整个年级的同学都去了隋唐遗址公园，之后又去了北宋哲学家邵雍的故居，在邵雍墓前我们集体背诵了邵雍的三首诗。在这个过程中，我们学到了历史知识，了解了洛阳文化，到现在想起来还非常开心！”

洛阳丰富的文化资源为学校的社会实践活动提供了广阔的平台。学校先后组织学生进行了“磨砺之旅”——走进万安山、“爱心之旅”——走进培智学校、“励志之旅”——走进军营、“体验之旅”——深入贫困山区、“探索之旅”——走进考古现场等社会实践活动。

六大校园文化艺术节：营造健康向上的文化生态

学校坚持每年的3月举办校园故事节，4月举办牡丹文化艺术节，5月举办科技节，10月举办读书节，11月举办外语文化艺术节，12月举办迎新年社团文化节。六大校园文化艺术节以学生喜闻乐见的形式、富有时代特色的活动，寓教于学、寓教于乐，教育和引导学生深刻理解社会主义核心价值观的精神内涵。

在洛阳牡丹花会期间，学校举办了牡丹文化艺术节。活动中，师生全员参与，从准备到最后的集中展示，时间持续一个月之久。艺术节围绕着学生的校园生活展开，通过举办说牡丹、唱牡丹、画牡丹、牡丹知识竞猜、全校师生参与的牡丹书画展等系列活动，丰富学生的课余生活，让学生在活动中加深对牡丹、对家乡的感情。牡丹文化艺术节活动期间，很多学生家长和媒体受邀到校参观，牡丹文化艺术节活动在家长中间及社会上引起强烈反响。

每项活动，学校都有方案、有督察、有评价。如在2018年3月举办的校园故事节中，小学部1303班的徐舜晗同学先是在班里进行讲故事比赛，又代表班级到学校进行讲故事比赛，最后获得了一等奖。学校奖励她“五育”成长币，可以在学校的“五育”成长超市买自己想要的东西。

5月举办的科技节由中学部的理化生组负责。老师们引导学生利用所学的科学知识进行小发明、小创造。学校的机器人社团多次在全省、全国比赛中获得大奖。7月，学校赴北京参加2016年中国工程机器人大赛暨国际公开赛，获得了两个一等奖。

目前，学校正在筹备10月举办的读书节。据裴素青校长介绍，学校将通过好书漂流、名师导读以及“经典诵读我最棒”、“阅读、修炼、成长”读书交流会等活动，引导学生阅读中国古典文学、民族文化、历史典故、神话寓言等经典读物，为学生成长构建一个文明、健康、向上的校园文化生态环境。

“五育”成长银行：储蓄学生良好的道德行为

学校是全寄宿制学校，学生每周末回家一次。对于刚刚入学的小学一年级学生来说，他们时常会因为想家而哭鼻子。小学部张华校长有一个哄孩子的妙招儿，屡试不爽：“孩子，我带你去一个神秘的地方看看好不好？”学生好奇地跟着张校长来到二楼的“五育”成长超市，里面有各种各样的玩具、文具、生活用品等。张校长对这个孩子说：“只要你这周不哭，我就奖励你成长币，你可以到成长超市买你想要的东西，好不好？”这一招儿还真灵，孩子果然就不哭了。

当然，这一招儿的作用可不只是“哄孩子不哭”。学校设置“五育”（德、智、体、美、劳）成长银行，对于表现好的同学，学校发放特制的成长币，面值从1元到20元不等，这是一种行之有效的评价方式。

小学部1303班的徐舜晗同学有一次捡到一个重要的文件，交给了班主任，班主任奖励了她10元的成长币，她兑换了两块喜欢的动物造型橡皮。“成长币可以自己保存，也可以存在成长银行，班主任给我们每人一个存折，需要时再取出来。成长币兑换物品时可以找零，但不允许两个人合起来买一个东西。”徐舜晗说。

小学部 1304 班的付向杰告诉记者：“自己努力挣来的成长币，和家长给的钱是不一样的。我把兑换的橡皮送给我妹妹，在妈妈生日时，我用成长币兑换了一个发卡送给妈妈，她可高兴了！”

长期、扎实的学校文化建设营造出了良好的校园文化环境。建校 4 年多来，华洋学校没有出现过一起大同学欺负小同学的事情。相反，大手拉小手、大同学帮助小同学成为常态。

还有一件事情，在洛阳市传为美谈。2014 年暑假，初中部 1308 班的张成杰同学在路上捡到一个钱包，钱包内有近万元现金、银行卡和各种证件。张成杰捡到钱包之后原地等待，最终原物奉还，没留下自己的姓名就离开了。失主很感动，经过多日寻找，终于在开学后找到了华洋学校，找到了这位好少年，并给学生送了锦旗。学校也以此事件为主题确立当周班会主题——“拾金不昧传递社会正能量，华洋学子展现社会好风尚”。这件事引起多家媒体的关注，洛阳电视台、《洛阳日报》等媒体都进行了跟踪报道。

文化就是这样一种东西，你触摸不到却能时时感受到它的力量，身处其中的师生，被文化润泽、滋养着。正如裴素青校长所说：“学校文化更多的是体现在师生的思想理念、价值观念、行为方式上，我们就是要让孩子们在华洋学校学到四种东西：扬在脸上的自信、长在心底的善良、融进血液的骨气、刻在生命里的坚强！”

（2016 年 10 月 13 日《教育时报》　记者杨雷）

第二章

用文化支点撬动班级管理

一、探寻班级管理的文化支点

1. “文化支点”理念的提出

——把文化支点作为班级文化建设的抓手和切入点，班级管理这盘棋就活起来了。

提起班级文化建设的话题，人们都会感觉既熟悉又陌生。

熟悉是因为大家都知道班级文化是一门潜在的课程，蕴藏着巨大的教育力量。每个学校的校长都会重点强调，甚至会把班级文化建设作为学校的一项重点工作来抓。但很多学校常常在开学初猛抓一阵子，再往后，由于班主任教学工作忙，学校领导也不过问了，这项工作就慢慢放下来，甚至无人再过问了。

陌生是因为对于如何建设可持续的、良性的班级文化，班主任和校长都不得其法。对其系统理论的缺乏及认识的肤浅，导致在其建设过程中缺乏科学性，从而出现走形式、摆样子、零散化、短期化等问题。有些班主任认为班级文化建设就是制订个《班级文化建设方案》，起个班名，提出班级口号、班训，制作班徽，创编班歌，等等，最后，方案制订好了，把它贴在教室里，美化一下教室的墙面，就完了，甚至只凭简单的经验管理班级，一味强调班规、班纪和教师权威。这些做法在某种程度上好像也能烘托出一定的班级文化氛围，能够实现一些管理的职能，但对学生发展的影响是表层的，作用自然也是微弱的。究其原因，就在于这些表层的文化不能触动学生的心灵，不能从根本上让学生“动”起来，“活”起来。

如何找到班级文化管理的抓手，让班主任不再为难，让班级文化建设不仅仅停留在环境文化和制度文化层面呢？带着这个问题和思考，作为一校之长，我在自己主持的三所校情性质完全不同的学校（一所是由企业学校刚刚移交到社会的薄弱学校，一所是跌入谷底的老牌重点名校，一所是刚刚从零起步的私立学校）进行了十多年的班级特色文化建设探索。2014 年，我在洛阳华洋国际学校提出了“班级管理的文化支点”这一理念。我们把文化支点作为班级文化建设的精神引领，通过文化支点来撬动班级的教育教学、常规管理、德育活动、班级管理等，把文化支点作为班级文化建设的抓手和切入点，盘活了班级文化建设这盘棋。

2. 班级文化支点的探寻

——班级文化支点的选择就像选种子，不能随意、草率，需要师生共同寻找，慎重选择，精心提炼，深度认同。

建设好班级“硬文化”环境，只是给这个班级做了一件好看的外衣，班级文化建设的核心是班级精神文化建设。探寻班级管理文化支点的过程就像播种“种子”一样，是要在学生的心田种下什么样的种子、将来开出什么样的花与结出什么样的果的问题。班级文化建设重在用什么样的精神文化塑造学生的心灵世界。

（1）班级文化支点的内涵

我一直认为，文化是不会自动生成的，一切文化活动都必须寻找一定的载体和支点来实现。班级文化不能只图表面上的花哨，必须得有一些精神层面的东西作为支撑，即文化支点，它可以是一句励志的名言、学校已有的历史积淀、一个形神兼备的事物、一个历史事件、一个榜样人物、一个榜样群体、一本励志的好书、一部好的励志电影或电视剧等，这些都可以拿来作为班级文化建设的支点。例如雷锋精神影响了几代人的成长，雷锋精神就可以作为班级文化建设的支点，用雷锋精神铸就班级文化建设之魂；再如小说《钢铁是怎样炼成的》，主人公的成长触动了学生的心灵，一本书也可以成为班级文化建设的支点，用人物精神引领学生的发展；再如英雄群体的精神——长征精神、女排精神、航天精神等都可以作为班级文化建设的支点来开展。

（2）班级文化支点的常见类型

班级文化支点的选择不能随意、草率，需要师生共同寻找，慎重选择，精心提炼，深度认同。选择什么样的班级管理文化支点作为班级文化的精神支撑，要根据学生的年龄和心理特征、认知水平等。常见的班级文化支点的类型有以下几种。

①小学生的认知具有很大的具体性和形象性，我们可以从可爱的动物、植物中，提炼出人的精神品质作为班级文化的支点。如蚂蚁的勤劳团结、狮子的勇敢、牛的任劳任怨、鹰的傲骨、蜜蜂的勤劳、乌鸦反哺的孝心、鸿雁的目标远大、海鸥的勇敢搏击、大象的脚踏实地等，都可以作为班级文化的支点；松的坚韧不拔、不畏严寒的品质，竹的苍劲有力和清高，梅花不畏严寒的傲骨、傲雪凌霜的品格，荷花出淤泥而不染、濯清涟而不妖的品格，向日葵永远向着太阳目标的坚定等。从中提炼出精神品质，作为班级管理的文化支点。

②中学生的思维逐渐走向抽象，逻辑思维增强，他们富于想象，崇尚英雄。据此，我们可以从历史名人故事和典故、优秀的励志书籍、优秀的电影或电视剧等入手，提炼其精神内涵作为班级文化的支点。如司马光"警枕励志"的故事、王冕"僧寺夜读"的故事、匡衡"凿壁借光"的故事等，书籍《梦在青春在》《聪明人的笨功夫》《狼图腾》等，电影《高考 1977》《可可西里》《十七岁的单车》等，热播的电视剧《士兵突击》《亮剑》《恰同学少年》等。这些优秀的作品从人生、目标、勤奋、励志、信仰、爱心、责任、担当、追求等方面对学生世界观、价值观和人生观起到引领成长的作用，是班级文化建设的好素材和抓手，可以提炼设计成我们要探寻的班级精神文化建设的支点。

③学校的历史和文化也是班级文化支点的源泉。班级文化支点也可以从学校已有的历史积淀中提炼精神内涵，还可以是时代的楷模、英雄的群体等，这些都可以作为班级精神文化建设的支点，如雷锋精神、长征精神、航天精神、女排精神等，这些时代英雄的高尚品质和英雄气概都是青少年学习的榜样，更是班级文化建设的灵魂所在。

当然，班级文化支点的类型是丰富多彩的，只要有丰富的德育内涵，有育人导向功能的新闻事件、模范人物、名人典故等都可以作为班级文化的支点，构建特色班级文化。

3. 班级文化支点的深度认同

——文化支点是一种精神层面的东西，如何让学生接受和深度认同是关键。

班级文化支点落地的过程是师生对文化支点的认同感统一的过程。一个班级找到了自己的班级文化支点，如“长征精神”，并且命名为“长征班”，这个构想非常好，但是这个文化支点是一种精神层面的东西，如何让学生接受和深度认同是关键。支点内化的过程是“种子”播撒并生长的过程：一方面是通过环境文化布置和制度文化建设将支点的精神内涵表现出来，培育好文化的土壤；另一方面是将文化支点像种子一样种在学生的心田，融入学生的血脉灵魂之中，使之根深蒂固。班级文化就是最大可能地让班级成为学生心灵的栖居地，成为学生的精神家园，让班级文化弥漫在班级的各个角落，时时影响着学生的心灵。学生一旦置身于班级的精神文化氛围之中，他们的思想观念就会受到潜移默化的影响，日积月累就会形成一种与班级文化相融合的价值观。

班级活动是班级文化落地的最好载体。班主任可以通过主题班会、师生共读一本书、问卷调查、主题实践活动、研学活动等，共同探究班级文化支点，以达到师生对班级文化支点的认同。师生认同的过程就是支点落地的过程，是班级文化生根的过程。

学校初中部1506班的董志恒老师是一位年轻的班主任，他通过主题班会“我为班级文化建设献良策”活动，确立了以洛阳牡丹文化为支点的班级文化，增强学生的文化自信，传承优秀传统文化，培养学生爱家乡、爱祖国的情怀，并以牡丹卓尔不群、傲骨无瑕的精神提炼出来班名“卓傲班”。

华洋小学部1401班优秀班主任张梦珂老师，通过带领全班同学探究笋芽的特点，确定了以奋发向上、顽强拼搏的笋芽精神为文化支点。在学习中，学习笋芽拼搏向上的精神，勤奋学习；在生活中，学习笋芽根连根，团结互助，友爱相处，成长为一名奋发向上、勤奋拼搏的好少年。“今日春笋芽，明日青青竹。”这是“笋芽班”的奋斗目标。

高中1603班优秀班主任高家林老师，带领全班同学共读长征，每个月都组织一个主题班会来学习长征精神，共同观看纪录片《长征》来感知长征、纪念长征，并通过诗朗诵和长征红歌比赛来理性地思考长征精神。在这一过程中，长征精神逐渐凸显出来。他们以长征精神为班级文化支点，开启了“重走长征路，再塑远征魂”的特色班级文化建设，使班级各项工作开展卓有成效。

4. 班级文化支点的能量撬动

——班级管理和教书育人都需要文化支点的撬动，围绕支点来开展活动和实施教育，会取得事半功倍的效果，这种管理和教育的影响也注定会是长久的。

找到了班级管理的文化支点，利用支点来撬动班级的各项管理工作，才是班级文化建设的最终目的。支点撬动的过程，既是结合支点开展一系列班级活动，通过班级活动来内化文化支点的作用，并转化为学生的内驱力，撬动班级管理、撬动学生成长的过程，也是班级精神文化落地的过程。正如华洋女子高中优秀班主任高家林老师所说：“文化支点好比人的灵魂，是一种人生信念。我们全班同学的清华研学之旅、徒步万安山磨砺之旅等，无不贯穿着这种信念。正是这股信念给我们指明了方向，让我们能够坚持前行，也正是这股信念使我们最终走向胜利。班级管理和教书育人都需要文化支点来撬动，围绕支点开展活动和实施教育会取得事半功倍的效果，这种管理和教育的影响也注定会是长久的。”

高中优秀青年教师李露露所带的班是以“诚”文化为支点的，这个班是一个文科班，取名“文诚班”。他们班以“文诚日记”，即班级日志为载体，记录每天班里发生的大事小事，从高一记录到高三。厚厚的几本班级日志，不仅见证了同学们高中三年成长的足迹，而且使“诚”文化也悄然植根到了学生的心中，潜移默化地滋润着学生的心田，影响着学生的知情意行，同时也撬动着班级管理。“文诚日记”这个亮点还刊登在了《教育时报》上，这令“文城班”的同学们很是兴奋和骄傲！2017 年 7 月，“文城班”的王昕同学参加第四届“北大培文杯全国青少年创意写作大赛”荣获河南赛区一等奖、全国二等奖。在《写给母校的一封信》中她写道：“即将离别校园，谢谢你让我认识了那些可爱的人，谢谢你看着我一步步成长为更好的自己。这不到半年的时间，连真诚道一声‘再见’都怕来不及。不过请你相信，我会在 6 月为你的付出交上一份满意的答卷。”字里行间充满真诚感恩和不舍之情，这就是文化育人的力量。

学校文化要通过班级文化建设落地生根，洛阳华洋国际学校通过几年来的探索实践，用文化支点撬动班级管理，以活动为载体，打造特色班级精神文化建设，让班级文化建设不再流于形式。围绕支点构建班级文化，让班级管理工作有了切入点和抓手；围绕文化支点开展丰富多彩的班级活动，通过活动将文化的种子植根在学生心田，让教育不再是空洞的说教。做“有根”的文化，这样一所学校优良的校风、学风和班风才能彰显，文化育人的巨大力量也才能实现。

支点很小，力量很大。用文化支点撬动班级管理，用文化支点引领班级精神文化建设，洛阳华洋国际学校在探寻班级管理文化支点的特色班级文化建设中，做了扎实深入的探索，成效显著。我们来听听班主任们怎么说。

文化支点撬动了课堂教学

班级文化是班级的灵魂，是班级生存和发展的动力和成功的关键。广义的班级文化包括物质文化和精神文化两个方面。物质文化的建设包括教室内外的布置、黑板报的布置、班级公约的拟订、图书角的设立等，可以为学生营造出开放、向上的班级文化氛围。而精神文化是学生认同的一种价值观，是撬动班级管理的重要支点。

小学生思想活跃、充满朝气、自我表现欲强，但自制力差。有了积极向上的班级精神文化作为班集体的支点，孩子们就会约束自己的行为，自觉去遵守班级公约，自觉学习、自觉完成老师布置的作业，主动参与合作学习。学校小学部自从重视班级文化建设以来，每个班级都以自己不同的班级文化支点，提升了课堂教学效率。“书香班”的陈金莲老师成功地帮助自闭症孩子走出了困境，“雏鹰班”的刘荣老师为无数个学困生点亮了明灯，“绿茵班”的曹锡锐老师使文弱的孩子有了强健的体魄……老师们的课堂教学从此变得轻松愉快。课堂上主动发言的学生多了，自主参与的学生多了，乐于研讨的学生多了，竞争当班级小明星的学生多了。轻松愉悦的课堂氛围，使课堂教学效率得到了提高，教学质量得到了稳步提升。

（洛阳华洋国际学校小学部　亢建新）

“觉”——我的班级文化支点

那是一堂同学们用了“最特别”“最难忘”的字眼来形容的班会。

“最特别”是因为班会的主题内容是“批判班主任”，“最难忘”是因为学生从来没有开过这样的班会，更重要的是每个人的心灵都受到了震动。

第二天作文课，我给孩子们留了两篇作文：一篇是班会随想，不少于600字；一篇是给班委的一封信，不少于200字。当我看见孩子们用“最难忘”“最特别”来形容时，当我听到班级团结、拼搏的主旋律再度高高响起时，我的内心便感到很富足：我没有放弃他们，他们也没有放弃我。

我从孩子们的作文中提炼出了“腾飞班”学生的六大核心素养。我带着这些扎根于孩子真实内心世界的核心素养在全校的班主任管理大会上做分享交流，获得了阵阵掌声。

班级文化管理，无论采取何种形式，最后都要归于教育的根本，即我们要培养什么样的人。班级管理的支点其实是一种“机缘”、一种“禅机”，即我们教育孩子们的契机。而所有的班级管理从来都不是统治、压制，恰恰相反，而是一种“觉”，一种使孩子们明是非、知好歹的“觉”。做到这样的班级管理，孩子们才能从我们这里真正地“走出去”，成为天下英才。

（洛阳华洋国际学校初中 1507 班　张腾飞）

让班级文化醒来

在“我为班级文化建设献良策”班会中，结合我校六大文化艺术节和 12 个品德月中对学生的要求，学生们积极发言，选出班级名称“国韵班”。学生们提炼出牡丹焦骨坚强、簇拥团结、雍容华贵、高贵典雅等品质，设计开展讲牡丹、画牡丹、颂牡丹、赏牡丹、演牡丹等一系列有关牡丹的文化活动。我帮助学生在学习了解牡丹蕴藏的文化背景之后，挖掘出牡丹文化折射出的深刻教育意义。我班做的有关牡丹文化相关知识的问卷调查，也得到了家长以及家长身边好友的大力支持。家长积极参与我班班级文化建设并建言献策，为孩子树立了榜样！

一撇一捺写人生。用班级文化建设支点撬动班级的文化建设，唤醒孩子们的心灵，有着不错的效果。在裴校长的大力支持下，在全班学生的积极配合下，我班现在按部就班地开展着牡丹班级文化建设活动，让学生真真正正传承属于自己的文化，从中受到洗礼，从而学会做人、学会做事、学会学习。

（洛阳华洋国际学校初中 1605 班　刘令洁）

二、一班一品一特色，文化支点铸班魂

班级管理和教书育人都需要支点的撬动，把师生深度认同的文化支点作为班级文化建设的抓手和切入点，用文化支点撬动班级管理，围绕支点来开展丰富多彩的班级活动和实施主题教育，以活动为载体，打造特色班级精神文化建设，让班级文化建设不再流于形式，通过活动将文化的种子植根在学生心田，让教育不再是空洞的说教。这种管理和教育的影响也注定会是长久的。做“有根”的文化，文化育人的巨大力量才能实现。

学校通过几年来的探索实践，全校70多个班级实现了“一班一品一特色，文化支点铸班魂”的特色班级文化建设。如长征精神、航天精神、女排精神、“诚”文化、理学精神、劲竹精神、莲的品质、牡丹的品格、梅的品格、德文化等。这些有着丰富内涵的文化成了一个个班级文化建设的支点，通过文化支点撬动班级管理，使得班级文化建设有了抓手和切入点，不仅使班级文化落地生根，更焕发出班级文化育人的巨大能量。

下面将与大家分享用文化支点撬动班级管理的精彩案例，其中包括高中、初中和小学不同学段的班级文化建设。

案例 1

重走长征路，再铸远征魂

“远征”路上步履艰

高一文理分科，学部校长找我谈话，让我接手文科基础班——一个文科班成绩排最后一名的班级，从那一刻起，我的“远征”开始了。

开学第一课，我“雄赳赳”地走向教室，一推门，场面“震撼”了我：教室里三五成群，有些同学坐在桌子上，踩在凳子上，手舞足蹈；有些同学搭肩坐在书柜上“仰天长啸”；当然，还有的坐在讲台上，围在一起大声“讨论”。看到我进来之后，她们“迅速”转变模式，纷纷坐到了自己的座位上，然后开始自由发言：“老师，你是我们班主任啊？太好了！”“老师，咱班是文科优秀班吧？”“老师，以后咱还会分班不？”“老师……”我深吸一口气，让心情平复下来，一一作答，整体氛围还算“融洽”。下课走出教室，我思绪万千：接下来的课要怎么上？怎么改变班级风气，端正学生态度？以后能否顺利平稳？女孩子身上的娇气如何改掉？女孩子的毅力和恒心如何培养？前途漫漫，困难重重……

支点探寻助力行

裴校长关于班级文化建设支点探寻的培训给我指明了方向：我需要一个支点来撬动这块顽石，塑造一种精神文化去感染学生，培养班级的文化认同。习总书记在纪念红军长征胜利80周年大会上的讲话给了我灵感：“红军不怕远征难，万水千山只等闲。”新时期的长征路不就是要克服这重重困难，坚定信念，勇往直前吗？长征精神所展现出来的不怕苦、不怕累、坚定意志的美好品质不正是我眼前这些女孩子所需要的吗？走好每一代人的长征路正是我和这帮孩子共同努力的方向。长征精神作为我们班级文化管理的支点恰如其分，那么如何让这个支点发挥它的撬动作用呢？答案首先是要让学生认同这个支点。这样，我们的“故事”就真正开始了。

文化的认同始于表象。让学生接触这种文化，培养她们的直观感受尤为重要。向学生抛出长征的理念后，我开始动员孩子们“装饰”教室，让她们分组讨论，契合长征精神给班级的每一面墙壁“起名字”，然后根据这个名字展开“装饰”：用毛泽东的《七律·长征》诗篇装饰外墙，定下总的文化基调；环绕白板墙剪制脚印，标上理想大学及城市，定名为“迈向世界的脚步”；同学们精心绘制人生定向卡装饰墙壁，定名为“夙兴夜寐，不忘初心”，提醒自己要坚定信念走向终点；以“征途”为名设计班级活动照片展示区，回首过往，面向未来。出于好奇，孩子们展现了自己满腔的热情，班级布置迅速完成，努力和合作的成果使她们开始对这个“家”有了亲切感，对长征精神也开始有了初步的认同。

制度是文化的载体，作为对学生习惯极具约束力的制度建设是深化文化认同的关键。如何来进行制度建设？究竟要建设怎样的制度？我把主导权给了学生，让她们分组去讨论拟定草案，我负责审核，最终在班会上由全体学生表决通过，然后颁布执行。学生们以班级契约的形式拟定了班级公约、文明公约和宿舍公约等，鼓励做什么、禁止做什么、什么是文明、什么是不文明、奖惩激励措施是什么，一如红军长征中那铁的纪律。为保障各类公约的落实，学生们组建了值日班长团队和宿舍委员会，由她们对各项公约进行强化，每天轮流值班，严格落实记录，将公约条款具体量化，进行分值考核，周末汇总，进行奖惩，月底针对本月情况进行分析，定期召开班会带领同学们对各项公约进行重新学习。制度的执行过程就是对文化的认同过程。学生们根据自己制定的约定，自觉履行，按规章办事开始成为她们生活中不可或缺的行为习惯。

长征精神铸班魂

支点的成功建构，并不意味着班级文化建设的最终成功：一些冥顽不化的学生具有较强的“免疫力”，依然我行我素；大部分学生虽然有了文化的认同感和一定的执行力，但是仍然经不住时间和困难的考验，“退化”现象时有发生；整个班级风气呈现出一种不稳定的状态，时好时坏。究其原因，在于缺乏一种共同的磨砺，而这种磨砺来自班级活动。

“共读”长征：每个月我们都组织一个主题班会来学习长征精神，共同观看纪录片《长征》来感知长征，纪念长征诗朗诵和歌颂长征胜利红歌比赛来理性地思考长征精神。

“重走”长征路：徒步万安山，11 公里的徒步越野，磨砺了女孩子的娇气，虽然口头上喊着苦和累，但是没有一个学生掉队和放弃，学生们在徒步的过程中相互鼓励，合作前行。通过分段方法逐一完成行程，“下个目标是走过那个坡，下下个目标是走过那棵大树，下下下个目标……”；通过拉歌来鼓舞士气，“我们的队伍向太阳……”“我要一步一步往上爬……”；通过相互关心来温暖前行，“给你一块巧克力补充能量”“给你一个苹果解渴”“给你一根木棍撑着点走”“给你一个创可贴把脚跟贴一下”。学生们团结一心，坚定信念，一步一步铿锵前行，用行动来诠释长征精神。北京研学旅行，用脚步丈量北京城，学生们坚定意志，一步步穿越北京的大街小巷，穿越清华北大，穿越圆明园，穿越天安门广场，脚底踩出泡，头上冒出汗，她们化辛苦为动力，化腐朽为神奇。此次研学之旅既是对学生个人毅力的考验，也是对班级团队精神的考验。我特意选择那几个“冥顽分子”担任研学旅行的小组组长，平时磨磨蹭蹭、松松散散的她们，担起责任之后完全像变了个人似的，积极组织协调，有的把嗓子都喊哑了。她们几个付出了比其他同学都多的努力，而且她们都坚持了下来，研学活动结束后均被大家评选为“优秀个人”。长征精神在班级活动中转化为学生的内驱力，撬动班级管理，撬动学生的个人成长。

征途漫漫硕果丰

支点的力量是巨大的，是巧妙的。通过建设班级文化支点来管理班级，我班取得了显著的成效：课堂纪律由闹腾变成了积极活跃，班级风气由浮躁变成了稳重，整个班级由一盘散沙变成了一个凝聚的团体。每个女孩子身上的娇气消退了，坚定信念、吃苦耐劳的品质开始展现出来，班级里抱怨的声音越来越少，埋头实干的孩子越来越多。比如，惠妍同学，中考成绩没过洛阳市的高中建档线，学习习惯和生活习惯都很散漫，曾经有过放弃继续念书的想法。经过这一年多的磨砺和考验，对班级文化有了高度的认同感，将长征精神内化，开始踏实勤奋学习，一步一个脚印，虽然成绩暂时还没有显著提升，但我相信她终将实现突破，圆梦大学。怡桐同学，一个不折不扣的问题学生，上课睡觉，下课违纪，集各种缺点于一身，学部每日的公示栏上从未落下过她的名字。经过一年多的班级文化熏陶，她开始坚定信念，立志突破自己，发生转变，如今效果显著，一跃成为零问题学生，把所有时间投入学习，高一期末洛阳市质检，她的成绩从二十多名一跃上升到班级前五。

文化支点好比人的灵魂，是一种人生信念。长征路上，远征途中，无不充斥着这种信念。正是这种信念给我们指明了方向，正是这种信念让我们能够坚持前行，也正是这种信念使我们最终走向胜利。班级管理和教书育人都需要这样一种信念贯穿其中，围绕一种信念来开展活动和实行教育，会取得事半功倍的效果，这种管理和教育也注定会是长久的。人管人叫作人治，制度管人叫作法治，文化管人叫作自治，实现自治是管理的最高境界，也是实行教育最成功的体现。班级文化建设的探寻使我受益匪浅，在追寻文化支点的路上我将上下求索。

（洛阳华洋国际学校女子高中　高家林）

专家点评

班级文化支点落地的过程是师生对文化支点的认同感统一的过程。一个班级找到了自己的班级文化支点，但如何让学生接受和深度认同是关键。高老师在确定了把不怕苦、不怕累、勇往直前的长征精神作为班级的文化支点后，就积极寻找如何让这些十六七岁的女孩子更多地了解长征精神，并从内心深处接受长征精神。高老师从活动入手，他和学生们一起通过“共读”长征、“重走”长征路来感知长征、纪念长征，在活动中长征精神逐渐“入脑入心”，学生们告别娇气，逐渐走向独立。这就是将长征精神像种子一样种在学生心田的过程，这就是文化支点的内化过程。

（河南省特级教师　秦生）

案例 2

“理”笆园里春意浓

初入花园有喜有忧

2015 年 8 月 17 日，这是一个值得纪念的日子，因为这是洛阳市第一所女子高中开学的日子，也是我第一次带女子高中开始的日子。满怀激动和喜悦的心情，见到了我如花一样的学生。学生们个个精神焕发，期待着充实又美好的高中生活。裴校长把精英班交给了我，同时也让我“压力山大”。军训第一课，我们必须在全市拿出我们女子高中的风采。顶着烈日在操场上汗流浃背的“花儿”们，被军靴磨破的双脚不知用了多少片创可贴……经过“花儿”们的刻苦训练，我们不负众望，在洛阳市全市军训会操上精彩亮相，摘得洛阳市 2015 级军训会操一等奖的桂冠！

经过开学一段时间的接触，我发现对女孩子的管理并不是想象中的那么简单。

她们有她们的个性，她们有她们的调皮及不服从管理，这对于一个年轻的男教师来说确实是一件头痛的事。正在我焦虑无助之时，裴校长给我带来了一颗灵丹妙药——用班级文化支点去撬动班级管理。顿时我就有了灵感，考虑到我们班学生的特色——清一色女孩子的理科班，寄希望于她们在理科学习方面能够学会理性地思考问题，以培养她们严谨对待科学的态度，同时结合宋代理学的明礼通理的思想，我就提炼出了专属于我们学生特色的精神——“理学精神”。正所谓春色满园关不住，只因没有扎好篱（理）笆。我就以“理学精神”为支点，由里而外开始修筑“理”笆。

构筑“理学精神”的“篱笆”

精神文化是班级文化建设的灵魂。

怎样让学生认同“理学精神”文化呢？接下来，我就召开了一次“明理守法”主题班会，旨在让学生明白事理，学会做人处事的道理，守得住该有的规则。结合“理学精神”确定了我们班的班名——明理班。对于“理学精神”，学生们比较陌生，我用一周的时间带领学生学习“理学精神”，让学生了解到“理学精神”是集理性、严谨、明理、明礼于一体的至高精神。随着对“理学精神”的深入学习和了解，同学们提出两句训言作为我们的班训：明明礼，显女子优雅之美；理理顺，现女子知性之美。用“礼”彰显女孩子们的优雅之美，用“理”内化女孩子的知性之美。我们班的女生是理科班女生，聪明伶俐，潇洒靓丽，颇有巾帼不让须眉之豪情，所以就提出“精英女子，明理靓丽；自强不息，理科无敌”的班级口号。我们虽是女孩子，但我们依然要有高歌战斗的精神，于是我们挑选了明理班的班歌——《武装》：我绝不肯退让，谁比谁倔强，燃烧着心中不灭的光……

物质文化是班级文化建设的表现形式。

我们的班级文化墙也是非常有特色的，教室内我们布置了“理”的精神，同学们提出在教室内要做到：上课专心，勤于思考；完成作业，质量要高；谦虚诚实，对人文明礼貌；坚持锻炼，保持清洁卫生。教室外我们用“礼”表达待人接物的态度：不学礼无以立，人无礼则不生；事无礼则不成，国无礼则不宁。这些文化墙时刻在提醒着明理班的每一位学生要做到内知理外有礼，不断提升自己，最终做到“明天地之理，修儒雅之德，成万物之仁”的境界。

制度文化是班级文化建设的护法使者。

最外边这层“篱笆”的灵感来自我们学校的特色课堂——双主体和谐式有效课堂，在这个基础上以“理”为文化核心，管理学生。考评实行小组捆绑式评价，把学生分成3–6人小组，对小组整体进行评价。重在培养学生团队合作意识，在合作中发现自己，找到自己的价值。借助小组捆绑式量化考核制度，我们班一些没有纪律观念的同学在其他同学的带领下渐渐开始有团队意识，逐渐认识到自己的不良行为可能会给别人带来危害，慢慢地学会了约束自己，并不断让自己变得优秀。给我留下最深印象的辉辉同学，原来迟到现象比较严重，开始实施小组评价以后，辉辉同学的迟到现象便得到根本性的扭转。从不迟到这件小事上能看得出辉辉同学的进步。

花儿心田“理”生根

班级活动是班级文化的载体，通过一系列班级活动让“理学精神”在同学们的内心生根、发芽。

每周一明理，“理学精神”浸心田。

刚开始的时候，我以主题班会的形式不断深化“理学精神”的文化，每一次主题班会的实施，都能让学生更加深刻地认识我们班级文化的内涵。为此，我还设计了我们班的特色活动——每周一明理，让学生每周回家做一件明理的事，周一返校在班会上进行分享。每周分享一位同学明理的事，就这样通过这些小小的活动同学们越来越“明理”了，个个争做明理人。

班服穿在身，“明理精神”萦我心。

点滴小事见证同学们对“理学精神”的认同。随着“理学精神”的不断渗透，同学们越来越觉得我们的“理学精神”博大精深。她们从一开始的了解，到后来的接受，再到喜欢上“理学精神”，这一过程在学生们自己设计制作的“明理”班服上可以看出来。同学们非常喜欢穿她们为自己设计的班服，她们还特意为我定制了一件特别版的“明理”班服。

徒步之旅，明理精神扎下根。

万安山磨砺之旅为“理学精神”的种子洒下阳光般的力量。2017年开春的万安山磨砺之旅实践活动中，学生们顶着烈日，唱着山歌，大踏步向着万安山前进。途中学生们相互鼓励，相互帮扶，你累了我拉你一把，你渴了喝我的水，大家都不能掉队……就这样同学们在这次旅途中懂得了互帮互助的道理；懂得了不怕苦，不怕累，勇往直前定能收获美景的道理；懂得了道法自然，人与自然和谐相处的天理。万安山磨砺之旅，使我看到了明理班的“理学精神”这颗种子像得到了雨露一样，在“花儿”们的心田发芽了！

“理学”之花美丽绽放

经过与这群“花儿”两年的相处，有快乐，有感动，但以“理学精神”支点为着力点，这群可爱莽撞的女孩子也变得越来越优秀。高一时鲁莽的丰丰同学，现在变得非常团结同学，学习劲头越来越足。记得高一时丰丰三天两头请假，不想来学校。随着“理”文化的不断渗透，丰丰同学慢慢懂得老师们的良苦用心，逐渐认识到自己对老班的误解，开始意识到自己与集体的关系，她的学习成绩也在不断进步。2016年教师节前，在以“感恩教师节”为主题的演讲比赛中，学生们经过两天的积极准备，终于要上台演讲了。下午第三节课结束后，各班学生都蓄势待发。碰巧当天我家里有一些事情，可能参加不了学生们的演讲比赛，在我准备离开学校时，明辉同学带着几个学生来到我的办公室：“老班，你不参加我们的演讲比赛，我们都不知道我们要演讲给谁听？”同学们期盼我参加她们演讲比赛的眼神，让我顿时处于两难境地。最后，我参加了学生们的演讲比赛，原来全班同学想借助这次演讲比赛表达她们对我的感谢。听完同学们的演讲，我热泪盈眶！“花儿”们越来越“明理”了。

高三期中考试中，全班同学齐心协力，全部进入本科线，创造了我们班的最好成绩——本科上线率100%！同学们三年来的成长此刻历历在目，回忆起来无比美好，仿佛自己是一个花匠，把一朵朵美丽但凌乱的花朵修成了一个花园，此时花意正浓，期待2018年的满园春色！

“给我一个支点，我就能撬动整个地球。”这是阿基米德的智慧，同样的“给我一个支点，我将撬动学生的思想”。班级文化建设要找到一个着力点——文化支点，通过文化支点不断地撬动整个班级的管理，从而不断地用文化的支点去影响学生的心灵。文化对学生的影响超越单一知识对学生的影响，这种影响是长久的，甚至可以持续影响学生的一生。

（洛阳华洋国际学校女子高中　韩志峰）

专家点评

班级文化着眼于学生们的幸福成长，为学生们的成长创造源源不断的快乐与满足，尽可能地让学生成为一个完全符合人性的人。

韩老师所带的班级是理科班，但他着眼的是学生的全面健康成长，是学生的精神成长。作为理科班的班主任，他另辟蹊径，以“理学精神”为支点，用多种方式让“理学精神”走进学生的心灵，由里而外修筑“理”笆，班级管理搞得有声有色。韩老师正是找准了撬动班级的着力点——“理学精神”这个文化支点，通过它撬起了班级这个“地球”，从而不断地用“理学精神”去影响学生的心灵。正所谓：格物致知求明理，知性优雅有格局。都说女孩子敏感，哪知我辈重逻辑。理学精神实内心，文明举止讲礼仪。理礼研修益德能，求真向善更美丽。

（河南省特级教师　秦生）

案例 3

铿锵玫瑰，绽放“自强”之花

我们与女排的遇见

2016 年 8 月，相信国人都不会忘记，里约奥运会女排决赛中，中国队以 3：1 战胜塞尔维亚队获得金牌，再次站在了世界之巅。女排姑娘“团结奋斗，顽强拼搏，勇攀高峰”的精神感染着我们每一个人。这一年，我担任了高一（1）班的班主任，全班 40 人都是女生。对高一新生而言，她们的身心渐趋成熟，自我意识、成人感和独立性也在逐渐增强，但女孩子们的天性相对来说又更娇惯一些。有的学生第一次住校，不善交流而情绪低落；有的学生经受不了军训之苦，经常打电话向父母哭诉。种种突发情况让我感觉到女孩子难道真的就那么娇弱吗？不，巾帼不让须眉。那一天，天下起了大雨，我们终止了军训，各自回到了教室。这时，我想起了中国女排，女排姑娘身上的那股子韧劲儿，不正是女子高中的学生们所需要的吗？于是，我将中国队与塞尔维亚队的决战视频回放给大家看。出乎我的意料，同学们沸腾了，在夺冠的那一刻，女排队员相拥而泣，我看到许多孩子也流泪了。“同学们，她们为什么会胜利？正是她们身上的顽强拼搏，永不言弃，坚持不懈，自强不息。”“军训场如赛场，同为女孩的你们，翻滚吧！”这时，我们一起唱起了中国女排的队歌《阳光总在风雨后》。雨后的军训场上总会响起这首歌，“经历过风雨，才能有美丽的彩虹”。同学们的精神面貌有了很大改变，那种自信至今记忆犹新。

转眼到了9月，同学们结束军训开始了紧张的学习。接手这样一个新的班级，究竟该如何管理呢？裴校长关于“探索班级管理的文化支点”的报告给了我很大的启示。裴校长告诉我们，文化建设是班级之魂，它是每个班级所特有的，要通过它去撬动整个班级的管理。于是，我想到了我们与中国女排的相遇，想到了女排姑娘身上特有的女排精神。从此，一个属于我们和女排的故事开始了。

播下“自强”的种子

第一次主题班会，我用了两节课，充分发挥了学生在班级文化建设中的主体作用，班委带着第一小组成员精心准备了以“中国女排心路历程”为主题的班会。中国女排30年历程：巅峰与低谷切换，但精神一直在、拼搏一直在，一直没有停止前进的步伐。有时候知道不会赢，也竭尽全力，站起来抖抖身上的尘土，依旧眼神坚定。女排，再次感动了我们。继而我们进行了讨论，从女排精神中提取“自强”作为我们班的精神引领，自此，“自强”之花的种子开始发芽。

怎样让它成长起来呢？我们发现“自强”内涵广泛，比如同学们心仪的清华大学的校训“自强不息，厚德载物”，女子高中的培养目标就是培养自信、自强的现代女性人才等。于是，我们毫不犹豫地将我们的班名定为“自强班”。围绕“自强”，同学们集思广益，摩擦出了许多智慧的火花。例如我们班的班级口号“拔剑扬眉，铿锵玫瑰，精英一班，舍我其谁”，突出一种气势，作为女孩子更应有遇到困难不退让的精神。在班徽的设计上，我们举行了班徽设计大赛，对于心灵手巧的女孩子们来说，还是比较拿手的，经过激烈的角逐，最终王维同学的蜡梅班徽获胜。“寒霜独放一枝梅，芬芳敖视万木春。”正是诉说蜡梅身上那种坚忍顽强。

怎样去“装饰”这个家呢？苏霍姆林斯基曾经说过，要使教室的每一面墙壁都具有教育的作用。班级文化中“硬文化”，对于陶冶学生的情操、激活学生的思维、融合师生的情感有着巨大的积极作用。我们将女排一次次站在世界之巅的图片做了一面“梦想墙”（中国女排 35 年辉煌历程回放），写下自己想说的话。在墙上我们一起张贴了“顽强拼搏，永不言弃，坚持不懈，自强不息”十六字标语，时刻激励着我们。学生家长也参与其中，李嘉同学的父亲是一名书画爱好者，为我们画了一幅雪中梅。蜡梅傲骨峥嵘，不畏严寒，迎风斗雪，甚是鲜艳。

一朵“自强”花的含苞欲放

当然，自强之精神并非外在标语，更要内化于心，方是我们创建自强班的最终目的。“女儿要自强”，冰冻三尺非一日之寒，这些需要一步一步来。

排球，从入学开始已经成了女孩们生活中的一部分。每周二的特色大课堂，是女孩们最活跃的时刻，学校特意安排排球老师教同学们打排球。渐渐地，同学们喜欢上了打排球，每组六人，正是她们平时在班的组，每组相互比赛自有一番乐趣。不久，我就发现孩子们在排球练习中无形地提高了团队协作能力和增强了竞争意识。主题班会上，我们也设置了“我最喜欢的女排队员”故事分享，对于郎平、朱婷、王一梅、惠若琪、赵蕊蕊、冯坤、周苏红、魏秋月等人物，从陌生到熟知，赛场上的拼搏，背后的汗水，无不激励着孩子们。

作为女排自强精神的延伸，我们还专门以“女性自强人物”为主题开了班会，学生们很感兴趣。从古至今，“中国历史上十大杰出女性”“当今时代最杰出的 17 位女性领袖”等无论是商界精英还是文化学者，同学们都能领悟到许多。定期举行“妈妈讲堂”，一年下来我们聆听了六位妈妈的故事，她们都是班级学生家长，有医生、有警察、有律师，来自各行各业，虽然平凡，但都有属于自己的故事。我们也非常荣幸地请到了特级教师、洛阳市“十大女杰”裴素青校长，为孩子讲述她的传奇故事。通过一系列的讲座，同学们对于女性的角色有了更深的认识。

利用语文老师的优势，我还举行了“女孩，我们生来骄傲”征文比赛。女孩子作为女生的自豪感油然而生。

北京研学，我们走进清华大学，感受浓厚的学术氛围，同学们纷纷在清华校训“自强不息，厚德载物”标志前留影。因为我们是自强班，而我们的班训就借用了这句话，一年来同学们对女排“自强”已有了深深的认同感。研学划分的组别，正是按她们平常的排球组，起到了意想不到的效果。三天，全程徒步，以组为单位，集合声响起，各组速度之快让我很是惊讶。乘车、参观、就餐、休息一切都井然有序。有的同学脚磨破了，相互搀扶着咬牙坚持。从她们身上我看到了女排姑娘身上的那股韧劲儿，我看到了女孩子们脸上特有的青春气息，那是一种昂扬向上的精神。清华大学三日，我们收获很多，女孩们感触颇深，“三天的研学，很累。女排成了我们的精神支柱，相互竞赛，互相帮助。每当我们唱起女排队歌时，作为自强班的一员，我感到无比自豪。”班里的一个孩子这样写道。

亭亭争妍，馥郁芳香

同学们的插花课上，我写了这样一句话:“花”与花相映，世人喜欢以花喻女子，今天更有感触，纯真的笑容，认真的模样，真好！一年以来，女孩子们成长了很多。晓晓在班里学习成绩中等偏上，看起来倒还开朗，但一遇到困难就爱哭鼻子，因为伤病也没有参加军训，开学很长一段时间也没有融入整个班中。她高一第一次月考成绩没考好，便给家长打电话，哭着要回家。现在的她改变了许多，记得月考后的一次班会课，我们开了一次以“有一种不服输，叫中国女排”的主题班会，我们特意安排她做主持人，通过精心的准备，班会出乎意料的成功，当她说出“顽强、霸气、拼搏，敢拼才是真正的王者。这是女排精神启迪我们的，同学们我们一起努力，向女排学习”时，看着她脸上的笑容，我知道，女排精神带给她的不仅仅是触动。排球课上，她成了一名优秀的主攻手，完全融入了整个班级。前几日，我和她父亲交流时，她父亲告诉我，哭哭啼啼的她，长大了！

转眼间，自强班已走过了一年半的光景，班级的凝聚力和荣誉感得到了很大提升。郎平要求女排“不断突破自我，敢打敢拼还得敢赢”，我们何尝不是？现在，班里形成了很好的学习氛围，你追我赶，有竞争、有互助，同学们在不断成长着，正向女子高中“自信、自强、知性、优雅”的目标迈进着。

马上进入高三，我们约定：2018 年 6 月，打好一场属于青春的“排球比赛”，期待！

（洛阳华洋国际学校女子高中　王琳）

专家点评

如何寻找班级的文化支点呢？王琳老师的做法给我们做了一个很好的示范。文化支点的寻找有的时候一点儿都不费劲，它可能就在我们的身边，也可能就是一个偶然的事件，就看我们的班主任老师有没有一双善于发现的眼睛，有没有一颗关注教育的心灵。

2016 年 8 月的那个炎热的夏天，当里约奥运会上中国女排以 3：1 战胜塞尔维亚后，举国欢腾。王老师敏锐地抓住了这个契机，以“女排精神”作为班级管理的文化支点，用“自强、拼搏”精神来引领学生们。同时结合女子高中的特点，用“自强”做班名，用一系列关于女性的班会和讲座来培育“女排精神”这个班级文化支点，班级各项工作开展得卓有成效，向着女子高中“自信、自强、知性、优雅”的目标阔步前进。

（河南省特级教师　秦生）

案例 4

将“诚”文化植根于学生心中

2015 年 10 月，学生开学近一个月之后，我接到了一个艰巨的任务：担任女子高中 1502 班班主任。这个班是普通班，为了尽快了解班级的真实情况，我每天和姑娘们一起生活、学习，发现她们比我想象中的要稍“顽皮”些：女孩子们有不同的“小组织”，“塑料姐妹花”间的友谊“永不凋谢”，学生比较忸怩，性格不够爽朗。特别是有时遇到困难，她们会以谎言掩盖自己不努力的事实。如果缺失了“诚”，何谈学习、拼搏、竞争、成长？面对这些，我很是困惑，虽然每天对她们严格管理，但班级管理效果不够显著，于是，我陷入了深思，出错点在哪里？作为班主任如何带领她们彻底改变？

播撒“诚”的种子

暑期班主任培训时，裴校长的“探寻班级管理的文化支点”讲座给了我很大的启发，我明白班级管理的核心是需要在纷乱琐碎的过程中找到文化支点。那么，支点在哪里呢？《荀子·不苟》中的“君子养心莫善于诚，至诚则无它事矣”及社会主义核心价值观中的“诚信”“文明”“友善”给了我很大的启发，知性、优雅、自信、自强的现代女性不正是通过“诚”来修身、修心的吗？而诚，不正是这些姑娘目前所缺失的吗？

学生是班级文化建设的主体，良好的班集体应建立以学生为本的班级管理机制，让学生认同班级文化支点。在“我为班级献良策”主题班会上，我先向同学们介绍我的初步想法，由她们进一步探讨、商定。姑娘们积极参与、各抒己见，一堂别开生面的班会课让学生对“诚”有了初步的认同。最终，我们确定了以“诚”为主体的班徽，“蕙心纨质、菽水承欢、梦笔生花、铁砚磨穿”的班训，“已识乾坤大，犹怜草木青”的班级愿景以及班歌、班呼、班约等。

苏霍姆林斯基曾说过“让学校的墙壁也说话”，姑娘们分组设计的《“诚”出处，润心灵》《我的目标我践行》《文诚荣誉，文诚骄傲》《文诚足迹，最美回忆》，让“无趣”的墙壁灵动了许多。姑娘们辛苦的付出和合作的成果，无不彰显着“诚”的气息，陶冶着师生的情操，触动着学生的心灵，使班级成为她们改变自我、茁壮成长的沃土。

“文诚日记”承载“诚”的梦想

文化的认同不是一时一事就能建立的，它贯穿于班级文化建设的整个过程中，而班级文化建设是通过一系列的班级活动作为载体实现文化的引领功能，以实现教育目标的最大化。自2016年3月22日起，我们开启了“诚”文化的梦想之旅——“文诚日记”，即班级日志。日记分为五大模块：老师们的经典语录、班级有趣事件、真诚祝福、诚信考试班约、班级悄悄话。每天由每个小组中的一名学生负责记录。刚开始倡议同学们做这件事情时，她们或是不认真对待，或是认为此举为形式主义，或是认为会耽误她们的时间，不愿意记录……但是，每天我都会督促记录人务必认真对待。

“见到了新历史老师，很可爱的老头儿，好感度+100，超级萌。”“外出集训的人大部分都回来啦，可以说是很开心了。”“饼又瘦了，头发也剪了些，每周奔波，一定加油。”“猪猪使用了文眉大法，有了一条，不，两条长长的眉毛，1502班的同志们发来贺电。”“八戒回来了，听说她在画室的学习氛围不好，受了点影响，希望可以尽快进入状态，八戒那么厉害，不可以退步！”……6个月后，当我把“文诚日记”里精彩的内容整理出来展示给孩子们看的时候，她们不禁感叹原来班级日记早已成了她们的“秘密基地”。在这里，她们畅所欲言，各种关心和祝福，自然也少不了调侃和胡诌，在她们笔下，老师们也可爱了许多。

现在，同学们每天都非常严肃认真地对待“文诚日记”的记录工作，这已经成了班级内部每天不可或缺的事情，班级日记陪伴姑娘们走过了近两年的时间，满满三本的记录。可爱的画风、诙谐的语句、真实的写照、坦诚的表露、真诚的表达，更像是一本书，细细品读，每次都会有不一样的体会和感动，平凡的日子在她们的笔下变得熠熠生辉，充满了快乐的味道。高中三年的学业生活，因为有它，不再枯燥无味，反倒多了些温度。每次翻开她们记录的内容，重温她们走过的日子，像是听一首很慢的歌温暖着我的心田。通过“文诚日记”，“诚”文化已悄然在同学们心中落地生根，潜移默化地滋润着学生的心田，影响着学生的知情意行，同时也撬动着班级管理。而且，“文诚日记”这个亮点出现在了《教育时报》上，姑娘们很是兴奋和骄傲呢！

诚信考试见证“诚”的力量

高二上学期期末考试快到了，同学们在日记里纷纷签下诚信考试的合约书，并发出倡议：申请学部设立无人监考的诚信考场。我非常赞同姑娘们的想法，同时建议她们可以邀请更多学生参与。班里的同学们都积极响应，利用课余时间到其他班级宣传诚信考试的好处。自此，无论大小考试，女子高中诚信考场都有很多学生加入，自觉答题。作为班主任，我深刻感受到“诚”文化已真正影响了学生内心，提高着她们的认知，改变着她们的行为。无论是真诚地待人，还是诚信地做事，种种正能量的行为作风无不彰显着“诚”的品质，和高一刚入学时相比，文诚班变成了团结向上、诚实守信的班集体。

收获“诚”的果实

文化的力量是巨大的、无形的，通过班级文化支点的撬动，文诚班已取得了显著的成效：无论是迎国庆合唱比赛、教师节演讲比赛，还是纪念“一二·九”运动系列活动、外语文化艺术节系列比赛等，文诚班的姑娘都以诚信的态度、坦诚的作风、突出的表现、骄人的成绩赢得了所有人的认可。也正是这些成绩，验证了文诚班的实力和两年多的巨大进步。文诚班以优异的成绩荣获了2016—2017学年洛阳市先进班集体。

班里有一个叫王丽的学生，是一个不够自信阳光、不善与人交往的女生，每天只跟一个好朋友学习、吃饭、谈天说地。她在“文诚日记”《悄悄话》栏目向同学们倾诉着自己的困惑、苦恼，同学们知道后都在日记里真诚地表达着对她的关心、鼓励。一年多的时间里，我们看到了她的变化。以前的她是害怕考试、害怕比赛的，而现在各种活动中都能看到她拼搏的身影。演讲比赛、合唱比赛、运动会、“全国中小学生新课程英语语言能力”竞赛等，她都积极参与其中，2017年7月她代表学校参加第四届“北大培文杯全国青少年创意写作大赛”，并荣获河南赛区一等奖、全国二等奖。即将离别校园，她那封《写给母校的一封信》感动了所有师生。

班级文化是班级管理之魂，在很大程度上影响和决定着学生综合素质的全面发展。找到了班级管理的支点，就有了班级管理的切入点，通过支点的撬动、生动活泼的班级活动、积极健康的文化引领，来滋润学生的心田，陶冶学生的心灵。但班级特色文化建设，是一个细致而漫长的过程，而“诚”作为文诚班的班级之魂，诚实做人、诚信做事、真诚待人的优秀品格将作为女子高中1502班永远的班级追求，必将影响孩子们的一生。

（洛阳华洋国际学校女子高中　李露露）

专家点评

裴素青校长说：“找到了班级管理的文化支点，利用支点来撬动班级的各项管理工作，才是班级文化建设的最终目的。”李老师根据班级学生的实际，有针对性地提出解决办法，又紧紧扣住社会主义核心价值观，将“诚信”作为班级文化的支点。由此实行了一系列的措施——文化墙的设计，“文诚日记”的撰写，诚信考试的实施，尤其是李老师以班级日志为载体，记录每天班里发生的大事小事，坚持三年，“诚”文化在潜移默化中植根于学生心中，影响着学生的知情意行，撬动着班级管理，凝聚了班级向上的力量，收获满满是水到渠成的。

（河南省特级教师　秦生）

案例 5

蓄势待发“航天梦”

用“航天梦”点燃青春梦想

华洋女子高中1701班共有38名女生，中考成绩都在500分以上，最高是654分，其中29名来自我们本校的初中。她们中的大多数都是原初中班级的佼佼者，对华洋学校比较熟悉，也比较认同华洋的文化和理念，都希望在高中能够继续进步，考取理想的大学。她们的家长也同样抱有很高的期望，希望孩子们经过高中的磨炼，不仅成绩优秀，而且能够“知性优雅，妩媚坚韧”，成为“自尊、自信、自强、自立，修德、修能、修身、修心”的优秀女孩。

刚开学，我们就按照学校的要求，迅速投入到班级特色文化建设中来。学生是班级文化建设的主体，因此在建设之初，作为班主任，我就鼓励同学们积极参与、建言献策，从而提炼思想，凝聚共识，找到一个有最大公约数的班级文化支点。我一方面让同学们大胆构想，相互商讨形成提案；另一方面，也引导她们寻找积极向上、志向远大、充满正能量的文化支点。最后，我们选择了“航天精神”这个文化支点，逐步丰富、完善了班级文化建设的内涵和寓意，提炼出了“志存高远、敢为人先，学无止境、一飞冲天”的班呼，“追求真理、创新实践，同心合力、共铸辉煌”的班训，“团结拼搏、精益求精，锲而不舍、金石可镂”的班风以及班规、班约、班歌和以火箭为主体元素的班徽。

用"航天梦"引领班级文化建设

我们选定以"航天精神"为班级管理的文化支点，努力培养学生成为"胸怀理想、爱国荣校，团结拼搏、积极上进，刻苦学习、追求真理，百折不挠、永不言弃"的新时代优秀女孩。"火箭"是我们的班级图腾和文化载体：因为发射火箭，必须团结一心，凝聚力量，树立远大理想，目标朝向浩瀚宇宙；火箭永远向上，必须昂扬斗志，积极奋进，充满正能量；火箭代表着高科技，必须珍惜高中时光，努力学习科学文化知识，永远与真理同行；准备火箭时，尽管历千难万险，但永不放弃，朝着目标坚持努力；火箭还代表速度，必须以火箭速度向前冲，追上别人，超越自我；直立的火箭正是数字"1"——象征着我们（1）班。通过班级文化建设，不断营造积极向上、团结友爱、尊崇学习、放飞梦想的学习氛围，努力把班级建设成为学生成长成才的沃土，让每名学生都能实现知识和心理的人生蜕变。

用"航天梦"润泽学生心田

班级文化从来不是空洞的东西，而是扎根于学生的心田，能够时刻起到激励鞭策作用。通过喊响班呼，每名同学都坚定理想，明确方向。学生一旦在学习生活上有事情没做好，就赶紧静下心来扪心自问：我的理想是什么？我要怎么做才能更接近自己的理想？然后拨正方向，继续前进。

刚开学不久，学校组织跑操比赛。赛前，我给同学们讲："要把军训的劲头拿出来，把航天精神亮出来，把昂扬的精神状态表现出来，注意步伐一致跑到点上、口号响亮喊出士气、摆臂到位、姿势优美。"比赛中，同学们按照要求，努力做到最好，取得了很好的成绩。还有一次，学校组织的"华洋喜迎十九大，不忘初心跟党走"歌咏比赛，面临组织指挥缺人才、表演设计没方案、练歌排演少时间等困境，我鼓励学生，要立足现有条件，铆足劲，一定能一飞冲天、一鸣惊人。同学们在班委和团支部的组织指挥下，共同选定合唱曲目，积极设计舞台表演方案，抽空抓紧时间排练，最后收到了很好的表演效果。

以"航天精神"为文化支点，注重用航天员的事迹来鼓舞学生。著名的女航天员刘洋是我们河南人，同学们就把刘洋作为班级的"偶像"，处处以刘洋为榜样，向刘洋学习，还把表现最好的小组评为“刘洋小组”。班里有个学生叫小清，学习成绩比较好，但是娇气，不能吃苦，喜欢放单，缺乏集体荣誉感。针对这种情况，我就找她谈心讨论“怎样才能成为一名像刘洋一样的航天员”，不仅要学习成绩好，而且还要思想品德好、身体素质好，不怕吃苦、善于钻研，并让她周末回家后多查找一些航天员的事迹，思考能从中学到什么优秀品质。逐渐地，她认识到，在高中不光要学习好，也要身体好，要团结一心，要有集体精神，才能全面发展成为一名优秀的高中生。在她的带领下，她们小组相互帮助、共同进步，不仅学习认真，而且积极参加各种活动，能力素质得到全面锻炼，多次被评为“刘洋小组”。

以“航天精神”为文化支点，学习航天人的团队合作精神，强调班级作为一个团队合作的重要性。有一次，我在班里发现了不好的苗头：有些学生还习惯按照过去初中的班进行“团队划分”，初中是一个班的就经常凑一起，而不是融入班集体。我认为这种现象不利于搞好团结，就筹划着让学生召开一期“学习航天精神”的主题班会，让她们讨论团队合作的重要性。“一个人走得快，但一群人才能走得远”，同学们共同来到华洋女子高中学习，分到一个班级，一定要珍视同窗之情。就像火箭一样，不是单独一个人能发射成功的。同样，没有团结合作就没有班级的凝聚力，也不利于长远发展。在一个班里，我们要团结在一起，成为“大的团结”，而不是只有几个人的小圈子。经过这次班会，同学们意识到了团结合作的重要性，开始主动融入班集体，班级的荣誉感加强了，各项工作开展得也就顺利多了。

用“航天梦”规划高中学业

按照孩子们“航天梦”的设想，我们将高中划分为三个阶段，即高一为打基础阶段。同学们各负责制造火箭的一个部件，诸如制造发动机、整流罩、箭体结构等，既各司其职，又通力合作，共同的目标是按照设计图纸要求，制造一枚火箭。高二为组装成型阶段。经过一年的基础学习，火箭的零部件基本制造完毕，要组装成型，迎接会考，争取全A。高三为发射冲刺阶段。经过前两年的学习，火箭已经成型，各个零部件正在进行精密调试，做好最充分的发射准备。时至高考，准备完毕。一枚凝聚着学校和家长期盼的火箭，从高中这个知识的海洋腾空而起，冲入浩瀚宇宙，探索未知奥秘。

建设班级特色文化，我们就是想把航天人“追求真理、崇尚科学、团结拼搏，从知识的海洋腾空而起，一飞冲天”的航天精神作为班级文化的支点，来触动孩子们的心灵，让这种精神影响和鼓舞她们克服困难，迎接挑战，走好高中三年，走好人生之路。我们班级的“航天梦”就是孩子们的大学梦，为此，每个孩子都制作了一个三年的学业规划卡片，上面写着自己的理想大学和奋斗誓言，张贴在教室的“梦想起航”区，作为对她们的激励和鞭策。作为班主任，我有一个心愿：期待着到 2020 年 6 月，孩子们把自己锻造成一枚蓄势待发的“火箭”，做好最充分的发射准备，最终一飞冲天。

精神文化建设是班级文化建设的重要部分，是从物质建班、制度建班到精神文化建班的升华。文化是班级建设之魂，文化才是最有力量的，用文化能够感召人、激励人，从而齐心协力实现共同的目标。我们的班集体是由一群风华正茂的青年学生组成的，她们富有理想、纯洁无瑕，正值形成世界观、人生观的关键时期，用优秀向上的班级文化来熏陶她们，也最容易获得共鸣。一个优秀的班级文化，应该成为影响学生一生的宝贵精神财富，而不仅止于当下。在航天精神的引领下，我们的班级特色文化建设才刚起步，相信我们的探寻之路会和孩子们一起成长。

梦虽远，路在脚下。

（洛阳华洋国际学校女子高中　王喜军）

专家点评

班级文化建设的渠道有多种，充分挖掘和利用班主任自身的特点和优势也是一种常见的方法。王老师就充分利用了自己曾在部队工作的经历特点，以“航天精神”为班级文化支点，组织学生们学习航天人的团队合作精神，强调班级作为一个团队合作的重要性。

为了让学生们更加深入了解航天精神，领悟这个文化支点，王老师注重用航天员的事迹来鼓舞学生，如详细介绍河南老乡刘洋航天员，通过对刘洋等航天员经历和事迹的了解，学生们把刘洋作为班级的“偶像”，学习她不怕辛苦、刻苦钻研的精神，学习航天员的优秀品质，航天精神也渐渐在学生们的心中生根、发芽，学生们把自己的班级命名为“火箭班”。

从老师的优势和特点入手，抓住学生们感兴趣的内容和话题，这个文化支点找得巧，班级文化建设得妙，也更能激发学生的热情与积极性。

（河南省特级教师　秦生）

案例 6

“劲竹”扎根铸班魂

支点探寻：喜结劲竹缘

9 月份开学，又接新一届学生。做了十多年班主任的我，不想再靠日夜勤盯、严防死守来进行班级管理，于是，寻求一种快速凝聚学生，让学生有明确的目标，有远大的志向，有强大的精神动力的做法，成了我的心结。困惑之际，裴校长开学初对班主任的培训让我明白了：班级文化是隐形的课程资源，对学生具有强大的教育作用，要寻找班级文化建设的支点，以此来撬动整个班级的管理，引领学生全面发展。于是，我和我新接手的学生踏上了寻找班级文化支点的征途。

拿什么作引领呢？我一篇篇地阅读裴校长推荐的文章，并从中学习借鉴。有个老师把“小荷”文化作为班级文化的支点，做得很有特色，效果也很好。这一下子给了我灵感，让我想到了教室前面的竹子，四季更迭中，它们依然郁郁葱葱，从不改变自己的本色。多希望我的学生能像破土拔节的竹子啊！有劲竹凌云的志向，有劲竹扎根的精神，有咬定青山不放松的坚韧，有拔节而上的虚心奋进。通过班会课上的讨论，孩子们从俗语“凌云劲竹真君子”中取得班名——“劲竹”。是啊，三年后，我希望他们能带着劲竹精神走进梦想的高中，希望他们将来无论身处何方，都能成就人生的辉煌。这应是我们劲竹人的目标，也是我对他们的期待。

支点落地：同筑劲竹梦

当我们有了自己的家园——劲竹班，我们共同筑梦的行动就开始了。为了让孩子们真正理解劲竹的内涵，我带领他们搜集关于竹子的诗、词、文、故事、绘画等。杨怡帆同学搜集的一个故事深深地打动了大家，那是毛竹的故事：毛竹要在地下扎根四五年，才会破土拔节。这让孩子们很是震撼，很多同学在随笔中就这个故事谈了自己的感悟。抓住这个契机，我又找来竹子生长的视频，孩子们在竹子的成长过程中体会它默默无闻、耐得寂寞、正直谦逊、坚韧不拔、坚持自我、拼搏向上、无私奉献的优秀品质，并把从中提取的八个关键词“正直、谦虚、坚韧、担当、团结、奉献、激情、超越”作为我们的班风。我又集同学们的智慧立下班训：咬定目标 ，立根劲竹， 虚心奋进， 坚韧不拔。修订班呼为“全力以赴，每天进步；华洋风采，看我劲竹”。

对劲竹文化的认同需要反复强化。“我的班规我做主”主题班会课上，我再一次播放了竹子生长的视频，很自然地，我把毛竹的生长和孩子们的初中三年联系起来，引导他们认识这三年对他们未来的学业、人生成长的不可估量的作用。我们选定了一个核心词作为劲竹人的行动指南，那就是“扎根”。我们请美术老师写了大大的“扎根”两个字，贴在教室入门处，提醒大家“入班即静，入座即学，学即专注，团结互助，打好根基”。我们规划了三年的奋斗历程“扎根蓄力，拔节而上，劲竹成林”，并张贴到白板上方，作为我们行动的引领。经过分组讨论以及最后的修改、完善，我们制定了《劲竹班班级公约》。公约从规则和常规两方面对学生提出各项行为规范，并纳入到个人和小组的量化考核中。有了班级制度作保障，劲竹“扎根”圆梦的条件就更充分了。

为了使有限的教室内外空间成为无限的教育资源，我们又以小组为单位商讨班级外墙文化建设，最后融合两个小组的设计，由郭承玉、马苏洋、董煦仁同学执笔完成。这三个“小天才”精美的画作吸引着师生们驻足观看，“劲竹扎根”的故事在学校一下子流传开来，很多人都知道了华洋有个“劲竹班”。

看着我们美丽的家园，感受着浓浓的劲竹情。抬眼望见室外的那片竹林，骄阳下，它们坚韧挺拔；回过头，看着室内一个个朝气蓬勃的面孔，一个个挺起的腰杆：这眼前不就是一棵棵等待拔节凌云的新竹？三年后，我们也是“劲竹成林”，梦想就在这里起航。

支点撬动：“扎根”劲竹魂

我们梦想的劲竹家园已经创建，但我内心深处明白，要想成为真正的“劲竹人”，实现劲竹梦，绝不是喊几句口号、张贴几幅字画那么简单。班级文化只有触及学生的心灵才可能发挥真正的威力。

“满月会”的欣喜：为了使劲竹班孩子们的力量更加凝聚，在他们进入初中满一个月时，我们组织了一次“劲竹满月会”。会上他们相互交换礼物，发言总结一个月的收获和感受，有些孩子甚至还即兴唱起拿手的歌曲来表达内心的喜悦之情。最后，他们还畅想“劲竹”一周岁时的庆祝活动。我欣喜地看到孩子们已经在这里扎下根基，成为不折不扣的劲竹人。

跑操比赛的自豪：第一次跑操比赛前夕，王一滨同学因为跑步动作不协调，怕跑不好给班里抹黑，因此申请退出比赛。我犹豫之际，班长跑过来说：“老师，不能让他退出，我们要‘劲竹成林’，他是‘劲竹’的一员啊。”“那他的问题咋办？”我问。“我们教他练。”班长斩钉截铁地说。之后的两天，早操后以及大课间总能见到几个班干部陪同王一滨练跑的场景，我看在眼里，喜在心里。我看他们练得辛苦，走过去安抚道：“不用太在意，尽力就行。”没想到班长说道：“那哪行，我们是劲竹班，得做最好，华洋风采，看我劲竹！”听到此，我不禁竖起大拇指，为铸就的这种担当、团结、奉献的劲竹魂而叫好。最终，我们夺得了跑操比赛一等奖。孩子们灿烂的笑容将劲竹人的骄傲写在脸上，我从响亮的班呼中能感受到他们作为劲竹人的自豪。

迂回中的拼搏：事物的发展总是曲折前进的，孩子们的成长也是如此。种种荣誉的获得及月考成绩的优异，让他们的内心膨胀了起来，生活、学习都少了一份沉稳。随后的国庆歌咏比赛中，三等奖的结果也没有让他们警醒，反而责怪“指挥员”的不力、评判老师的不公，随笔中皆是抱怨。一周后，我幸运参加了“河南省智慧力班主任”评选活动，当时要上一节主题班会的观摩课，经过深思熟虑，我选择把“我拼搏，我是劲竹人”作为主题。在班会课上，我们再次观看探究竹子扎根成长的视频，感受竹子拼命扎根的执着、拔节而上的魅力。同学们对劲竹人所应担负的责任，应怀有的胸襟发表自己的观点，并由衷地赞美身边真正的“劲竹人”：踏实勤奋、见缝插针学习的沈巧丹，一身正气、严于律己的学霸马尊智，多才多艺、为人低调的董煦仁，真诚热心、谦逊好学的刘佳淇……泪光盈盈中，我看到了扎根在孩子们心中的“劲竹”又焕发出生机。在国庆朗诵比赛中，孩子们又使出劲竹班的威力，捧回了一等奖。冬季长跑结束后，我班杨晨玺同学被搀扶着回到班里，两个膝盖磕烂了，渗着血，让人心疼。同学们把热烈的掌声送给了他，因为他带伤跑完了五千米。刘佳淇同学感动地说：“你虽败犹荣，这也是我们劲竹人的拼搏精神。”同学们都笑了，又一阵热烈的掌声。是啊，扎根需要拼搏，拼搏就是劲竹人的精魂。当班级文化外化于形的时候，那才是真正的内化于心。

班级文化是一种精神层面的浸润，劲竹文化无形中给了同学们强大的精神动力，靠着这股劲竹扎根的信念，我与孩子们一路走来，安排班级事务、动员考试、处理同学间的问题等，都可以自然地渗入我们劲竹人的理念。感觉轻松、充实，比起以前那种苦口婆心、干巴巴的说教有意义多了。班级内正能量十足，浓郁的学习氛围也逐渐形成。

支点成效：劲竹待成林

我校是一所文化氛围极浓的学校，“文化立校，文化育人”是裴校长的办学理念。12 个品格月主题活动、六大文化艺术节如同春风化雨给了我们劲竹文化充沛的滋养。

一年多来，在劲竹“扎根”精神的引领下，劲竹班正朝着我预想的方向发展，每一个孩子都在进步着，我们取得了一个又一个的喜人成绩：在每次考试评比中，我们绝大部分学科都是名列前茅，并且明显优于平行班级；运动会中，本来体育方面不占优势的我们竟囊括了三个项目的第一；学校各项检查考核中我们都排在前列。我欣喜地看到了“新竹”拔节而上的身影。

我们的孩子本是优秀的，而班级文化就像一块磁铁石，把优秀凝聚在了一起，汇成力量；我们的孩子本是阳光的，而班级文化又如凸透镜，把阳光聚成了一点，集成高温。班级文化的强大功能不可小觑。但是，班级文化建设不是一朝一夕的事情，它需要在实践中逐步地加强和提高。劲竹人还需要在学习、生活中不断探索，坚定信念，遵循共有的行为规范，“蓄力拔节”，等待“劲竹成林”笑开颜的那一天。

（洛阳华洋国际学校初中部　张小分）

专家点评

班级文化是隐形的课程资源，对学生具有强大的教育作用，要寻找班级文化建设的支点，以此来撬动整个班级的管理，引领学生的全面发展。张老师引导学生探究竹的生长过程：竹要在地下扎根四五年，才会破土拔节。使学生认同“劲竹”的品格：默默无闻、耐得寂寞、正直谦逊、坚韧不拔、坚持自我、拼搏向上、无私奉献。并选定了一个核心词作为劲竹人的行动指南，那就是“扎根”。学习劲竹品格规划了初中三年的奋斗历程：扎根蓄力，拔节而上，劲竹成林。劲竹文化无形中给了同学们强大的精神动力，这股劲竹扎根的信念，比起以前那种干巴巴的说教有意义和有效多了。这就是班级管理的艺术。

（洛阳市优秀教师　贾爱珍）

案例 7

打造我们班的“狼图腾”

新学期伊始，一群朝气蓬勃的孩子组建起了一个活跃的班级，然而在开学前的军训中，在新生活的第一个考验面前，同学们却踌躇了脚步。一天下来，不少同学败给了严格的军训，开始抱怨军训太苦、太累。看来培养初一新生的吃苦耐劳精神，练就坚强的意志，以顺利完成初中三年的学习生活，是当务之急。在开学前，裴校长进行了“探寻班级管理的文化支点”的培训讲座，“文化治班，文化立校”的指导思想给了我很大启发。于是军训期间，我便将《狼图腾》这本小说推荐给了大家，大家一起阅读了“军马大战”的片段后，被蒙古草原狼在狩猎过程中表现出的坚强意志深深折服。更有同学说：“我们要像蒙古草原狼一样征服草原，必须拿出足够的毅力与勇气。”大家从中受益，不仅顺利完成了军训，而且对《狼图腾》也产生了独特的情结。那么，其中最值得我们学习的精神有哪些呢？经过一番热烈的讨论，各个小组总结出了狼的智慧、拼搏、牺牲等精神，而最为大家所认可的便是狼的团队精神，大家从中提炼出了“生存第一，永远的危机与斗争意识；规则第一，永远的顺从与执行意识；团队第一，永远的合作与大局意识；忠诚第一，永远的牺牲与感恩意识”的文化内核，“狼图腾班”的班名也应运而生。

班级文化建设是实现素质教育的有效举措，用特色班级文化去建设良好的班风、学风，我们的旅途才刚刚开始。

我们的环境大家建

文化的认同始于表象，想让文化根植于学生心中，首先要建立起直观感受。

为了营造一个切题的外部环境，同学们进行了热烈的讨论，四面墙怎么布置？征集素材时，很多学生还找家里的爷爷奶奶题诗作画，更有同学带来了自己完成的作品，着实惊艳了全班。同时，我还带领大家设计出了家长调查问卷，征询家长的意见，让家长也参与其中，班级的植物角、图书角、任务栏等都是同学们一手布置起来的。而在布置涂鸦墙时，大家一起设计，并选出了最擅长绘画的梁依佳、杨智兰等几名同学负责执笔。平时学习任务重，同学们主动牺牲了中午的休息时间，一起围坐在墙边认真地画着。最终，大家以庄严而深邃的画风展现出狼图腾班的团结与严整。环境建设的过程，其实就是文化建设的过程，在这个过程中，同学们渐渐意识到了，我们每天生活的地方就是这个小小的“家”，对狼的团队精神也有了更加形象的认同。

我们的制度大家说

制度是文化的载体，如何建立一个行之有效的班规班纪？我陷入了深思。学生是班级文化的主体，让班级成为老师的一言堂是不能深入人心的。所谓“高手在民间”，建立什么样的班规，学生说了算！

我们班的班规我做主

一开始，我让学生们写下“我们班的班规应该怎么建”的建议，同时从文明、礼仪、责任、感恩等几个方面着手，我设计了家长调查问卷，进行了学科老师小采访，将这些结果作为参考，最终大家以小组为单位一起讨论出详细的方案。根据结果，我们还一起评选出了五名“最佳建言献策小明星”以及三个“最强建设小组”。有心的同学，还编出了顺口溜：

准时起床，上好早操；整理内务，井井有条。

上早自习，朗读最好；饭后小扫，天天做到。

预备铃响，静候老师；专心听讲，积极思考。

课间活动，做好两操 ……

捆绑式网格状百分量化考核

经过同学们的讨论与设计，班级建立起了完备的捆绑式网格状小组量化考评制度。同学们按成绩分为A、B、C、D四个等级，每个等级一人，组成一个四人小组，两个小组形成一个学队。日常各项班级活动、学习活动都以小组为单位进行，每一项日常工作与活动都有对应的加减分，将同学们的日常表现全部数字化，每周从学习、纪律等方面评出“雪狼组”“闪电狼组”等，小组都可以获得相应的积分，用来换取文具、书籍等不同的奖品。而每周量化末尾的小组被评为“灰太狼组”，不仅要为班级义务服务一周，还要上台做一周的反思总结。量化考评制度不仅提高了同学们的积极性，让班内各项评比更加客观严谨。

班级制度由大家一起讨论制定，大大增加了同学们的热情，更重要的是，同学们践行班规、班纪的过程，就是文化认同的过程，规则意识渐渐深入人心。

我们的图腾“狼之魂”

虽然在学生们的讨论当中，我们找到了文化支点，建立了班级制度，但这并不意味着最终的胜利，热情消退后的同学们依然会暴露出诸多问题。真正的文化育人是一个漫长的过程，任何文化都必须在一定的活动中去承载、去落地。

成长之花，在月主题枝头绽放

在“勤奋、博学、传承、拓新”的校训下，每个月都有相应的月主题活动。9月，班级初建，同学们也刚刚步入中学的校园，尤其是第一次离开家寄宿在校，部分同学表现出了不同程度的不适应，为此，我们班以“生存”为主题，开展主题班会，旨在帮助大家克服不良情绪，快速适应中学生活。10月，是开展爱国教育的最佳时机，月主题活动为“团结第一，祖国万岁”的爱国征文活动和主题演讲比赛。11月，重阳在即，大家一起撰写给家长的一封信——《与您的悄悄话》。12 月，是学校的科技月，为了学习狼的智慧，我们开展了“小制作，大发明”制作大赛。1 月，临近期末，本学期最终的大战终于要来了，狼一样的团队不打无准备之战，于是进行了以“狩猎就要开始”为主题的研讨会，制定“狩猎目标”，分享学习经验、方法，并针对不同程度的同学研讨出相应的复习计划。最终，经过一学期的努力，班里的各科成绩都名列同年级前列，也赢得了各科老师的一致好评。

拼搏竞争，让生命之花绽放耀眼之光

在月主题的大氛围下，狼图腾班还在以学习为主的各项互动中开展火热的竞赛评比，以小组为单位的师友结对课堂评比，以宿舍为单位的月考成绩大比拼，以及男女生两大阵营的运动会比拼等。例如宿舍方面，每个宿舍学生的成绩分配比较均衡，因此在第一次月考时同学们就进行了火热的宿舍对抗赛，最终男生的 414 宿舍以高出 2 分的优势夺得了“月考冠军宿舍”称号。在他们赢得奖励的同时，更多同学是遗憾与不甘，潜移默化中，成绩在大家心目中的地位也随之提升到了一个新的高度。在多样的竞赛活动中，同学们逐渐意识到靠自己单枪匹马很难赢得胜利，从前总是自顾自埋头苦学的王希、井艺桦开始积极辅导小组成绩薄弱的同学，而总是拖小组后腿的李正华奋起直追，名次从班级倒数进步到了中上等行列。合作意识大大增强的同时，竞争意识也一同建立起来。同学们正逐渐凝聚成一个充满进取心的团结集体。

班级文化在班级活动中逐渐转化为学生的内驱力，各项管理都“活”了起来。狼图腾班不仅在学习上取得了优异成绩，还连续两次在学校“跑出风采”跑操比赛中获得一等奖，并且包揽了冬季长跑比赛男子、女子组冠军！而集体中的每一名同学，都在迅速成长为一名令人敬佩的优秀成员。

班级文化是学生心灵成长的栖息地，一个有文化内涵的班级一定是一个充满活力、团结向上的班集体。班级特色文化建设，一直在路上。我们只是做了一些探索，取得了些许成绩，但同时也深刻地体会到，班级文化支点在引领学生全面发展的道路上还隐含着巨大的潜力，今后我们还将继续努力前行！

（洛阳华洋国际学校初中部　王祺炜）

专家点评

“班级文化是学生心灵成长的栖息地，一个有文化内涵的班级一定是一个充满活力、团结向上的班集体。”王老师通过与学生共读《狼图腾》这本书，一起探寻班级管理的文化支点。从狼的团队精神中提炼出了“生存第一，永远的危机与斗争意识；规则第一，永远的顺从与执行意识；团队第一，永远的合作与大局意识；忠诚第一，永远的牺牲与感恩意识”的文化内核，“狼图腾班”的班名也应时而生。并通过一系列的主题班会、月主题活动和捆绑式网格状百分量化考评等，使班级文化逐渐转化为学生的内驱力，去承载和撬动班级管理。寻求一种快速凝聚学生，让学生有明确的目标，有远大的志向，有强大的精神内动力，这就是文化管班、思想管人的效果。

（洛阳市优秀教师　贾爱珍）

案例 8

用牡丹文化润泽学生心灵

2016 年，是我人生中至关重要的一年，6 月我加入了人民教师的队伍，8 月接手初一年级班主任工作。8 月底，面对着即将到来的开学，我陷入了深深的思考：我该如何管班？是和孩子们亲近地做朋友，还是不苟言笑地做出严厉的样子？在学校的班主任培训会上，裴校长关于“探寻班级管理的文化支点”的讲座，给我指明了方向：我要构建一个文化特色鲜明的班级。班级文化一旦形成，就会产生巨大的力量，加速班级的发展，形成积极向上、健康和谐的班级风气。

寻找支点，我为班级献良策

大家的事情大家做，班级文化建设中，老师是导演，学生才是主体。开学后，我这个导演便组织召开了“我为班级献良策”的主题班会。同学们各抒己见，共同寻找专属于我们班的文化图腾。作为洛阳人，同学们对牡丹情有独钟，曹芳瑜同学画的牡丹花高票通过。牡丹是洛阳的名片，因雍容华贵、不争花期等形象与故事让人喜爱。这种格局的大气和行为的高雅一定能让同学们的人生绽放出别样的精彩。

有了文化图腾，接下来就是让图腾在同学们的内心生根、发芽。首先，班级环境的布置，是班级文化建设最基本的内容，不仅体现班级的精神面貌，而且直接影响学生对文化的心理认同。通过小组讨论，集思广益，同学们选择了洛阳的明堂天堂、八路军办事处、东方红一号、新区体育馆四大标识作为外墙设计的题材。绘制过程中，曹芳瑜和张若涵同学挑大梁，绘制最难画的牡丹，赵一璠、李牧言同学协助调色，几个男生非要参与，那就让他们打打下手、接水洗笔吧。与此同时，室内布置也在如火如荼地进行，图书角、植物角、荣誉墙竞相完成。我趁热打铁，召开“我们的制度大家建”“班徽设计大赛”等主题班会，共同拟定班级公约、班级誓言、班名、班歌。在这个过程中，同学们对牡丹有了更多的认识。牡丹看似硕大的花朵，是由一片片、一层层的花瓣簇拥而成。一个优秀的集体必定要有大气的格局和包容的姿态。而在这个集体中的每个人也必须豁达包容、不拘小节。

班级文化在活动中深化和积淀，为了让同学们更深层次地了解牡丹品格，形成对班级文化的认同感。我让同学们利用周末上网搜集牡丹的生长特点和相关故事在班会课上交流。“老师，我找到了牡丹在 4 月开花，但是它用 11 个月的时间生长。”“老师，我搜到了焦骨牡丹的故事，面对武则天的强权，它不畏强权。”“老师，我发现了牡丹的一种特性，它开花的时候特别美，但是花败的时候是所有花瓣一起落地的。”同学们跃跃欲试，可我知道今天班会的目的是让同学们透过表象看本质，从中得到一些启发。鉴于此，我开始发问：同学们材料搜集得特别全面，那你们可以从牡丹的习性与故事中得到哪些启发呢？同学们叽叽喳喳各抒己见，最终形成了几个共识：在学习上，要铺垫扎根，汲取知识，坚持不懈；在集体中，要团结互助，行为高雅，为人大气。渐渐地，我发现“牡丹品格”在学生心中发了芽。

共铸班魂，牡丹品格润心田

班级文化一旦形成，会影响学生在实践中目标的确定和行为的选择。班里的段同学很聪明，性格活泼，但是不够踏实，容易受外界环境影响，成绩总是忽上忽下。

半学期后，他的成绩下降了不少，到了该和他谈谈的时候了。中午，我把他单独叫出来，坐下后他哭着说："老师，我这次考得太差了。"我只能安慰道："你现在最重要的是分析一下为什么成绩会下降，下一次怎么把成绩提上来。"我引导他回忆班级文化建设之初，针对牡丹生长特点展开的那次班会。牡丹一个月的美丽绽放，需要11个月的沉淀和汲取营养，扎根蓄力才能收获成功。他似乎明白了什么，下午上课前，他请曹芳瑜同学在他的桌子上面画了一朵牡丹，自己又写了几个字："坚持！加油！"有了牡丹文化的沉淀，内心必然不会空虚。我要把每个学生心灵的栖息地构建好，呵护每一朵小小牡丹的健康成长。

一个集体若没有丰富的集体活动，必然死气沉沉，缺乏活力。要想让班集体充满生机，就要组织学生开展各项有益的实践活动。中学生有强烈的表现欲，他们希望通过自身的表现来展示能力和才华，获得认可与肯定。9月底，学校组织"迎国庆·颂祖国"大型朗诵比赛，很多学生摩拳擦掌，跃跃欲试。我知道班里面有很多朗诵能力强的同学，可在集体诵读排练中，出现了节奏快慢不均衡、声音大小不匹配的现象；一遍两遍练习后，同学们之间开始出现负面情绪。"老师，崔昊声音太尖了，和我们不配，别让他上了。""老师，张雪和张意雯太高了，站在哪里都不合适。""老师，我们都练了好几遍，感觉都没啥成效，要不今天别练了吧。"我知道，现在出现了不好的苗头，正如杜威所说："班级中正常关系的失调，是以后产生精神和情绪各种病态的土壤。"不良的班级氛围会严重影响班级团结。于是，我立即决定先不训练，一起坐下来研讨。"同学们，老师想问你们一个问题，你们有没有观察过牡丹的花瓣？一朵牡丹花上的所有花瓣长得都一样吗？"同学们面面相觑，不作声。牡丹的美丽是一片一片花瓣簇拥在一起才形成的，而这些花瓣和谐而各具特色。用自身的谦和成就牡丹最终的绽放。同学们开始陷入沉思，我知道，他们已经开始改变。接下来的训练中，他们互相商量着把高个子的同学调到后排中间，声音有特色的同学提到前面领诵。正式演出时，我听到了其他老师的评价：这个节目跌宕起伏，大气和谐，不愧是第一名。"牡丹"把孩子们紧紧地连接在一起，在一次又一次的活动中，增强了他们对班级的认同感、命运感、自豪感和归属感。牡丹格局的大气、行为的高雅于无声之中浸润着每一个学生的心灵。

初见成效，含苞待放意志坚

打造班级文化是一项长远而系统的工程，一个班有几十个学生，班级文化不是一两天就能形成的，文化的功效也不是几天就能看到的。班主任要尊重教育规律，耐心营造班级文化，经过长期的积蓄，方能看到班级文化的重大成果。我看到的再不是那个因为没考好哭鼻子的段同学，而是利用一切时间踏实听课、认真复习的段同学。在大大小小的考试中，他也总能保持班级前五名的好成绩，从他身上我看到了文化对学生产生的巨大影响。“牡丹文化”对学生的影响变得越来越显著：数学老师说课堂氛围好多了，作业也规范了；生活老师说他们长大了，懂事了。长跑比赛上，看到的是他们为班级荣誉而战的坚定；卫生打扫中，看到的是他们“哪儿还没干完，我来”的大气；期末考试前，看到的是他们埋头复习、争分夺秒的努力。一张张的荣誉证书就是“牡丹”植根于学生心中最好的证明。

“一枝独秀不是春，百花齐放春满园。”4 月是洛阳一年一度的牡丹花会，我再一次带领着同学们观赏牡丹，了解牡丹。通过活动，同学们达成了几点共识：内敛含蓄，丰富自身知识储备；坚定信念，面对挫折不屈不挠；团结互助，簇拥抱团共同进步。

坚守信念，期待花开春满园

班级文化是一个班级的灵魂，它不会自发形成，需要在班主任的悉心指导下，以科学的方法积极引导，逐渐形成优美和谐的班级环境，铸造出阳光向上的班级精神，营造出健康积极的班级风气，从而促使班集体进一步完善和强大。转瞬间，我已经和卓傲班的孩子们共同度过了一年半的时间，看到了他们的棱棱角角，也见证了他们的进步和成长。一朵牡丹的绽放需要花匠 11 个月悉心培育，我这“满园的花蕾”也渐渐懂得了自己寻找阳光，扎根大地吸收养分。而我这个班主任，还要继续做他们的花匠，修枝剪叶，耐心守望，期待“牡丹绽放春满园”。

（洛阳华洋国际学校初中部　董志恒）

专家点评

班级文化是一个班级的灵魂，它不会自发形成，需要班主任以科学的方法悉心指导，引领大家形成认同感，才能逐渐形成优美和谐的班级环境，铸造出阳光向上的班级精神，营造出健康积极的班级风气。把班级文化建设与综合实践探究活动结合在一起，提升学生素养，是董老师的班级管理特色。他组织召开了“我为班级献良策”主题班会，把爱家乡、传承家乡文化作为探究的主题，并把任课教师、家长都拉到探究的阵营里来，形成巨大的合力。把牡丹作为班级文化图腾，一场探究牡丹文化的实践活动就热热闹闹地展开了。他们共同提炼出班级精神：在学习上，要铺垫扎根，汲取知识，坚持不懈；在集体中，要团结互助，行为高雅，为人大气。班级围绕这一品格开展各项活动，使“牡丹品格”在学生心中扎根、发芽，牡丹品格的大气、行为的高雅于无声之中浸润着每一个学生的心灵，从而收到“用牡丹文化润泽学生心灵”的效果。

（洛阳市优秀教师　贾爱珍）

案例 9

修得莲塘悠悠香

临危受命，初入塘中识乱象

开学两个月，我接到了一份特殊的任务：接任小学部 1303 班班主任。这个班的孩子早因淘气而“名声在外”，可临危受命，顾不得多想，我放下毕业班，走上了四年级的讲台。尽管做好了心理准备，初入班级的时候我仍心头一紧：歪扭的桌椅、桌子上堆放的杂物、地面上的垃圾……教室杂乱不堪。指导学生收拾完毕后，我开始了第一节交流课。我发现：有些学生爱起哄，有些上课心不在焉，时不时还有人故意把东西掉到地上惹得大家频频回望。这些孩子在我心里“挂上了号”。下课了，我故意待在班里不走，男孩子们在教室里追逐打闹，女孩子们大声说笑，尖叫不停，孩子们对地上的纸团视而不见……我拉住一个孩子让他看看地上的纸团，他的第一反应却是："不是我扔的。""那你能帮忙把它捡起来吗？"我笑着问。孩子这才不情愿地捡起了纸团扔进纸篓。

"莲"为支点，班级文化建设忙

孩子们对于班级卫生的漠视、对于班级形象的无所顾忌、对于自我的要求不高，都令我感到棘手。参加过多次裴校长关于班级管理的培训，在学习中我深深懂得，要用文化来引领学生的发展。想带好这个班，就要找个合适的支点，去影响整个班级的风气，撬动整个班级管理。于是，我先让自己的心静下来，对班级情况认真地进行了了解和分析。看着无邪的孩子们，我仿佛身处一处荷塘，里面的花朵有的迎风舞动，有的顽皮地藏在荷叶背后。一个班级，不就是一处荷塘吗？而让班级"静"下来，学习莲"高洁""正直"的品质，同时意识到班级荣誉的重要性，培养"为荷塘增色"的责任感正是我的班级所缺乏的。几经斟酌，我决定选用"莲"的品质为支点，培养学生对于高尚人品的追求及对班级和谐的责任感，帮助他们形成良好的竞争意识，使班集体成为一个"并存而不斥"，有"君子之风"的优秀班集体。

我们开了第一堂主题班会课，和孩子们一起认识莲花，品读莲花诗，共同确认了班级品格，形成了"班级荣誉，我的责任"的共同价值观。抽出一个晚自习的时间，我们开展了班徽设计比赛，最终决定以拉手的小人和蓝色的波纹为图案设计班徽，寓意我们的班级是和谐、共进、有责任感的班集体。"要想让孩子爱上班级，首先要让孩子为班级付出。"以最快的速度，班级内所有的墙面都被我们换上了与"莲文化"相关的装饰，孩子们集思广益，共同设计："墨荷飘香"，以悠悠古韵写荷赞荷，品味荷花品质；"书海'藕'得"，书写读书心得，加快自我成长；"蓓蕾绽放"，张贴班级相片，制造班级共同回忆，增强班级凝集力；"荷塘竞放"，制作班级评比栏，培养良好的班级竞争氛围。在班级黑板旁边的醒目位置，我们制作了"莲以为静，塘以为竞"的标语，并约定每天进班都提醒自己，要入班即静，入室即学，提升自我。就是要趁着换班主任这股新风，把班级整理出新气象，让孩子们收获成就感，然后慢慢习惯优秀，再让优秀逐渐成为一种习惯。

经过一个星期的规划整顿，班级环境、路队纪律、课堂纪律得到了一定改善，但新的问题还是层出不穷。每次下课，都会有学生来“告状”，轻则弄坏了东西，重则打架。国学课上，我带领学生们品读了《爱莲说》，深度挖掘了莲花的“君子品格”，“中通外直，不蔓不枝，香远益清，亭亭净植”。在“可爱者甚蕃”的花草中，周敦颐独爱荷花，引起了古往今来清高之士的共鸣。莲梗中空，直挺不弯，做人亦如此，心胸开阔，行为正直。以“遇到矛盾应该怎么做”为话题，我和孩子们展开了讨论，总结出“己所不欲，勿施于人”的道理，得出了行为谦让、做正确的事的结论。“莲”的精神慢慢在学生心中发了芽，让我欣喜地看到了一丝丝变化。

班中学生小浩，是一个留守儿童，身材壮硕的他总是喜欢用拳头说话，用武力解决各种矛盾。办公室谈话对他来说就像家常便饭一般，批评他的时候，他总是把脸歪向一边，有时还和老师顶嘴。接班以后，我发现这个孩子心思非常细腻，身世也比较可怜。慢慢地我了解到，小浩很喜欢看小说，对书中“快意恩仇”的自由生活比较向往。于是，我从“你认为什么样的人最帅”谈起，从他喜欢的角色形象入手，发现人物身上的君子风范，得到了他的认同。他同意以后凡事“三思而后行”，做一个谦和大度的“君子”，用德行赢得大家真正的认可。之后，每逢有空，我便请他来，讲讲古代君子之德，谈谈最近的学习感受，让他说说自己的进步。经过几次谈心，他渐渐放下了防备，对老师的态度明显有了改善。但我知道，他还没有真正得到改变。一天中午，在我返回办公室的途中，王主任叫住了我，说寝室有两个孩子打架，被他带回了政教处。还没进门，就看到小浩和另一个“好斗分子”低着头站在那里，我走过去，站在两个孩子面前，和他们一起沉默着。过了一会儿，一个孩子发出了轻微的啜泣声，小浩也流下了眼泪。我心头一紧，这可是打架打多狠都没流过泪的小伙子啊。小浩低声说：“老师，我出手后就后悔了，我给莲塘抹黑了。”我走过去拍了拍两个孩子的肩膀。让孩子获得追求班级荣誉，完善自身发展的内驱力，是我们在教育中不断探索追寻的方向。这泪水，这歉意，让我深深感受到文化对孩子的影响。之后，我在班里开班会表扬了这两个孩子，再一次强调了我们共同努力的方向。莲塘荣誉，这个无形的手抚平了躁动，用“莲”的品质指导孩子的言行，其宽容的君子气度也慢慢走进了孩子们的心灵。从此以后，班里再也没有出现打架事件。

初得成果，期待莲花开满塘

初始效果不明显，但“莲文化”却在各种活动中悄然地渗透着。早晨跑操，我们知道这是我们“塘”在全校的展示，我们要做跑操最整齐、口号最响亮的莲；餐厅就餐完毕，我们会把桌子收拾干净，做推己及人的莲；对待矛盾，我们要有君子之风，要善于自省，做正直宽容的莲……

渐渐地，开始有孩子在返校日自觉进班摆齐桌子，打扫教室。一股新的风气开始悄悄形成。这个好时机当然不能放过，这一次，我组织学生们对莲进行了更多的了解和品鉴。从莲花的种类到生长习性都赋予了一定内涵，作为对班级文化的又一次深挖。我们认同：班级是一片莲塘，共生共长，并存相依。首先要自己优秀，然后带动身边的人，给别人正能量。“期末考试要到了，我们怎么发扬‘共生共长’的精神呢？”我抓住时机发问。孩子们议论起来，各种互帮互助的点子层出不穷。最后，孩子们自发结对，找到学习伙伴，共同冲刺期末考试。

不断蜕变的莲塘班正等待着检验。恰逢此时，元旦演出到来了。这一年一度的隆重节日，是期末考试前唯一的放松机会，孩子们的兴奋可想而知。可拿到座次表的我却高兴不起来，我们班被安排在靠近南门的后三排，这个位置右前方正好有一个方形大立柱，意味着我们班将有一半孩子看不到表演台。晚自习时，我告知了孩子们这个消息。短暂的沉默后，一个孩子举起手来：“老师，我是参加表演的演员，我彩排时看过节目，可以坐在立柱后面。”“我也是！”更多的孩子举起手来。“老师，这是咱们和别的‘塘’的比赛，我能做到不站起来。”小浩带头说。“对，总得有班坐在那儿。我们四年级了，让低年级坐前面吧。”我站在讲台上，看着漾着笑脸的孩子们，心中如春风拂过。这次会演，我们拿到了“文明班级”称号。会后，我们庄重地把奖状贴在墙上。这是我们共同努力的结果，更是对班级精神的肯定与褒扬。

如今，五年级了，莲塘班已经是一片静谧的荷塘。开始时的乱象早已不见，取而代之的是窗明几净的教室、积极主动的孩子们，让我也可以小松一口气。著名的“荷花定律”中提到：如果到了第三十天，荷花就会开满池塘。但池塘中的荷花开了一半的时间不是第15天，而是第29天。古语“行百里者半九十”即如此。这一路走来，大大小小的班会无数，啰啰唆唆的强调重复，都见证了精神引领对于班级成长的重要性，也是对班主任毅力的考验。“苦心经营从始终，修得莲塘悠悠香。”我们仍将不断积累，等待着满塘莲花绽放的那一天！

（洛阳华洋国际学校小学部　于芳琳）

专家点评

班集体是学生心灵碰撞最直接、最微妙的场所，所以班级文化氛围直接影响着班级的所有成员，教师只有寻找到适合学生发展的教育支点，才能营造出特有的班级文化氛围，使班级成员受到潜移默化的影响，从而能健康地成长、发展。

于老师临危受命，以“莲”的品质为支点，培养学生对“高洁”“正直”人品的追求，坚持“以人为本”的班级文化建设原则，以班级文体活动为抓手，通过班会、学校活动，使学生产生“班级文化认同”，让“莲”的精神慢慢在学生心中萌芽、扎根、开花、结果，使教育起到了润物无声、潜移默化的作用，激发了学生自我成长与班级发展的内驱力，达到“自觉成长”的教育目的。班集体从“乱象频频”成功转变成为一个“并存而不斥”、有“君子之风”的优秀班集体。

（河南省特级教师　张华）

案例 10

跟彩虹一起成长

2015年9月，我担任了一年级的班主任。刚看到这些孩子，真是打心眼里喜欢，一个个甜甜地叫着老师，直扑到你的怀里来，我的心都被萌化了。我们班的孩子很活泼，有想法，有个性，上课的气氛很好。但是，终究是一年级的孩子，刚刚离开幼儿园，纪律、习惯等都没有养成，点点滴滴都要说到管到，只要哪一天没强调，就要捅个小娄子。就这样，一个学期下来，天天讲，日日看，我累得不得了，班级管理却不见明显的成效。有什么好办法能让班级管理规范起来，能让我轻松一点呢？

彩虹初现，七色品格助成长

我听了裴校长的关于班级文化建设的讲座，才明白班级管理的核心是要找到一个“支点”，要用这个支点去撬动你的班级管理，引领你的班级文化，要让支点成为班级文化建设的灵魂。但什么才能做支点？怎样才能撬动班级管理呢？看着一张张可爱的小脸，我心中突然一亮，彩虹！彩虹这个点就很好！孩子们就像彩虹，赤橙黄绿青蓝紫，有着自己独有的个性。于是，我问了孩子们的意见。孩子们争先恐后地表达自己的想法：“我喜欢彩虹，我们可以把班级打扮得像彩虹一样漂漂亮亮的！”“我在书上看过，说彩虹总是在风雨之后出现，它很勇敢。”……经过讨论，孩子们一致通过“彩虹班”作为我们的班名。

为了加深孩子们对彩虹的认识，我们随之召开了“七色品格助我成长”主题班会。大家了解了彩虹有七种颜色，每种颜色都有其寓意及代表的品格：红色寓意热情，就像我们的学习需要勤奋努力；橙色寓意温暖，就像同学之间需要团结互助；黄色寓意光明，这正是我们小学生需要的阳光活泼；绿色寓意生机，就像老师每天强调大家要注意安全健康；青色寓意信任，想要和别人交朋友，最需要的就是自信与真诚；蓝色寓意洁净，只有通过劳动才能换来我们整洁的环境；紫色寓意优雅，而文明自律是一个人必备的优秀品质。我希望孩子们通过对彩虹寓意的认识，能够拥有七种颜色所代表的优秀品格，我们将这个美好心愿称为“彩虹的约定”。我告诉孩子们，彩虹总是在风雨之后出现，它积极向上，不畏风雨，人的成长正需要这种精神。就像我们成长的路上，有鲜花、有掌声、有坎坷，我们必须像彩虹一样不怕困难、不怕挫折，才能取得成功。由于一年级的孩子年龄小，我就把家长发动起来，大家各展其能，经过反复修改、讨论，最终，我们一起确定了彩虹班的班徽、班歌和班训。

我们的班徽是以七色彩虹和太阳为主要图标，象征着彩虹出现在风雨之后。

孩子们说班徽上面的太阳就像老师，彩虹就像同学们，我们就是一个大家庭。怎样把这个家打扮得更好看，围绕“彩虹”这一主题，同学们都绞尽脑汁，用尽了办法。走廊装饰板上“彩虹绽放”，孩子们写、画、做、涂、粘，一幅幅精美的作品展现在大家面前；班级墙面上的“彩虹之窗”，展示了孩子们认真书写的优秀作业；彩虹班的特色——“口述日记”，记录了孩子们丰富多彩的生活；把“彩虹的约定”标语贴在墙上，提醒每个孩子都要拥有这些优秀品质；课余时间，孩子们都在“图书角”安静地看书，感受书籍带来的快乐。这个过程，大家共同努力，携手共进，孩子们的心贴得更近了，他们都明白自己是彩虹班的一员，要为彩虹班添光彩。慢慢地，原本的一盘散沙已经渐渐靠拢。

彩虹约定，人人争做好少年

如何将彩虹品格深入到每个学生的内心，内化到每个学生的血液里，落实到每个学生的行动上，是我接下来要做的事情。

刚刚成为小学生的孩子们，学习习惯和生活习惯还没有养成，为此，我将主题班会和口述日记相结合，将彩虹品格融入其中，召开了“紫色”品格之“好习惯伴我成长”主题班会，意在教育孩子做到文明自律。在班会课上我展示了一些照片，这些都是我平时趁他们不注意悄悄拍下来的。当一些孩子惊讶地看到他们凌乱的书桌、慌张的课前准备、弯腰驼背的书写姿势、课间的追逐打闹时，一个个低下了头。小主持人讲了很多名人故事，让孩子们充分了解了好习惯在个人成长过程中的重要性，并给出了建议和方法。发言环节，同学们剖析了自己在生活中和学习中的一些问题，下一步需要往哪个方向努力。班会后，大家用口述日记记录下了自己的感想体会。小轩是个聪明的孩子，就是学习习惯不好，上课小动作多，一根线头他都能玩一节课，在日记中他写道：“我的毛病就是好做小动作。我也知道这样不好，但我就是管不住我的手。班会上，主持人说了几个原因，我觉得我是意志薄弱的那一种。我想做习惯的主人，我一定要管好我自己。”

寄宿生活对孩子们的自理能力要求比较高，孩子们需要自己整理宿舍内务，打扫班级卫生。彩虹约定中的“蓝色”品格要求他们做到勤劳、整洁，孩子们都努力用自己的劳动换来整洁的环境。彩虹班一岁的时候，迎来了新成员小丁。他生活习惯比较差，每次检查卫生，都会因为他被扣班级考核分。大家就手把手教他怎样整理桌斗，怎样整理衣柜，怎样整理被褥，帮助他尽快适应我们学校的学习生活。孩子们说：他是彩虹班的一分子，我们绝不能让一个同学掉队。

既然有了“彩虹约定”，大家就都要遵守。每周我们班都要评选出“彩虹之星”。一周五天，每人每天有七十分基础分，分别对应各颜色的当日表现，有奖有罚，每周核算，最高分同学即“彩虹之星”，可以戴上相应颜色的手环。当某个孩子七种颜色的手环全部戴过，将会获得“彩虹少年”称号，奖励彩虹手环一个。每当学生戴上彩虹手环的那一刻，脸上都绽放着自信、骄傲的光彩。孩子们的积极性都特别高，每个人都希望自己能够集齐七种颜色的手环，获得终极大奖——彩虹手环。彩虹这个支点，让我轻松撬动了班级管理这块巨石，理顺了班里繁杂的事务，慢慢打开了孩子们的心田。

彩虹绚丽，班级盛开七色花

经过一段时间的磨合，孩子们从心里接受了“彩虹”这个好朋友，并积极接受“彩虹”的管理和监督，在各方面都有了提升，取得了很好的成绩。

经常召开的主题班会，已经成了孩子们最喜欢的班级活动。更多的同学们加入到了说班级、赞班级的活动中，很多同学都想当小主持人，站在讲台上为大家主持班会。一些平时不愿意开口的孩子也能在课堂上大胆发言，积极参与讨论，孩子们的精神面貌有了很大的改变。在学校举办的“根在河洛故事会”“校园故事节”“诗词擂台赛”中，彩虹班的孩子们都以出色的表现拿到了一等奖，体现了班级强大的凝聚力。

平时，孩子们用口述日记的形式记录下各种活动之后的感想和收获，写作兴趣和写作能力得到了很大的提升，自信心也有了极大的提高。郭家硕同学在刊物上发表了文章，8名同学获得了“冰心文学奖”。在彩虹精神的影响下，全班同学都以彩虹约定为标准来约束自己的行为，班级的学习、卫生、纪律得到了明显改变，由老师管理逐步变为学生自觉、班干管理、老师引领的模式。果然，一切正如裴校长在讲座中所说的：你给班级文化建设找个支点，它定能还你一个不一样的精彩！

在未来的日子里，希望彩虹品格这个支点真正深入每个学生的内心，让它成为班级的向心力，随着时间的沉淀，年级的升高，学生们的知识、素养、人生观、价值观都以彩虹品格为中心螺旋上升。打造班级文化是一项长远而系统的工程，我有耐心，也有信心，就像班歌中所唱的那样："跟彩虹一起成长，让太阳为我们鼓掌，无论未来的路有多长，我要自信地歌唱……"

（洛阳华洋国际学校小学部　张琳）

专家点评

"彩虹"给孩子们的感觉是五彩缤纷的。七种颜色代表七种不同的品格，张老师以彩虹的"七色品格"为支点引领班级管理，深受孩子们的喜爱。因为孩子们小，张老师通过主题班会一一给孩子们进行剖析，这个过程是孩子们的学习过程，也是对班级文化认同的过程。通过"彩虹约定"让孩子们找到了奋斗的目标，人人争当"彩虹之星""彩虹少年"，让孩子们在成长的过程中潜移默化地养成良好习惯。班歌《跟彩虹一起成长》也很有寓意，时刻激励着孩子在阳光下快乐成长。相信在张老师的彩虹班文化的引领下，孩子们一定会茁壮成长。

（河南省特级教师　张华）

案例 11

今日春笋芽　明日青青竹

"流光转眼一飞梭"，回顾教育的旅程时喜时悲，班主任的步途时舍时得，盖因育人不得其法。懵懂不得要领之际，得裴校长之点拨，一场"探寻班级管理的文化支点"的讲座，使我醍醐灌顶：欲塑学子之骨、班级之神，需以文化为魂、践行为本，魂本相依，可成也。至此，我和我的学生踏上了探寻班级文化的旅程，以"今日春笋芽，明日青青竹"为目标，为班级文化寻找一双翅膀，以翼为器，以炼其魂，助其腾飞。

“笋芽”为翼，铸造文化之魂

班集体，学生常驻之所，勤奋乐学、坚韧友爱的班级文化氛围必助其全面发展。班级文化为班级之魂，欲成其魂，须得一精神为支点，形成一种向心力，以支点为羽翼，带动着全班自下而上地发展。而班级文化建设的支点，要体现班级内学生的集体精神和个性特征，与学生心灵相融。

我班男生占全班比例的80%，凸显着热情活泼又肆意冲动的集体特征。根据这一特点，我为我班的班级文化建设选择了一个支点——笋芽。竹笋被赋予顽强生长、敢于挑战、不屈不挠的精神品质，是锐意进取、奋发向上、无畏挫折的象征。在我心中，我的学生们正像一棵棵蓄势待发的小笋芽一样，充满着朝气、生机。如果将他们的活力、热情甚至是冲动，都引领到笋芽儿“钻”的品格上，用笋芽的精神来铸造奋发向上、不屈不挠的班魂，以笋芽根连根、顽强生长来凝聚班级向心力，这群孩子定会焕发出新的生机与活力！

“笋芽”为翼，引领精神具象化

如何使笋芽精神与学生相融合？如何将抽象的“笋芽精神”具象化地呈现在孩子心中？我带着一盆笋芽盆栽走上讲台，让学生近实物观其形，再辅以观看笋芽奋力钻出坚硬的土层的视频短片，欣赏笋芽根连根、顽强生长的图片，品读具有笋芽精神的名人故事与诗篇，让学生感知笋芽的形、品、神，并通过和美术老师探讨，以“笋芽”为引，用“识竹笋、画竹笋、读竹笋、赞竹笋、写竹笋、学竹笋”的方式，引领“笋芽精神”以具象形态初步扎根班级。

学生对笋芽兴趣日浓，班里的小彦同学，在观看视频认识竹笋如何坚强生长后，用自己的画笔画出了竹笋生长的漫画集，画出了自己对“笋芽精神”的感悟；“小书法家”袁丁同学，更是用一幅稚嫩的书法作品展现他对“笋芽”的赞美。在孩子幼小的心中，“笋芽精神”逐步具象化。“笋芽”为翼，引领着具象化的“笋芽精神”和学生产生共鸣，让笋芽扎根于学生心灵的沃土之中。

于是，名为“开创班级新纪元”的主题班会应运而生。班会上，通过共同讨论，我班正式更名为“笋芽班”，以“笋芽精神”为支点，提炼出“今日春笋芽，明日青青竹”为班级目标、“奋发向上、顽强拼搏”为班训、“笋芽笋芽，学海无涯；

勤学修德，厚积薄发”为班呼以及包含笋芽元素的班徽，开启了共创“笋芽班”的新纪元。让“我们就是一颗颗小笋芽儿，只要奋发向上、顽强拼搏，就能‘钻’出属于自己的精彩”的信念生根发芽。

“笋芽”为翼，推动魂本相依

文化是班级之魂，践行活动是班级特色文化的诠释与依托。学生的发展成长只有以文化为魂，践行为本，羽翼为引，魂本相依，才能润物细无声。班级精神文化的践行应以班级活动为依托，在班级活动中得到诠释。“笋芽班系列主题活动计划”，让“笋芽精神”在具有阶段性的实践中，循序渐进地扎根在班级，发芽于学生心间。

根据学生成长的轨迹特性制定特色年主题活动。三年级——破土期，旨在让学生了解竹笋精神，奠定“小笋芽”们奋发向上的品格。四年级——抽发期，教授学生探索学习方法，发扬竹笋“钻”的精神。五年级——幼竹期，丰富科学知识，积累文化素养。六年级——青竹期，调整思想，精化学习，拼搏向上，迸发精彩，迎接未来！具有学生成长阶段特性的年主题活动，为整个学年的教育教学指引了基本方向，也让学生在不同的阶段循序渐进地与“笋芽精神”相融合。

在年主题的总领下，依托学校“12 个品格月”，围绕“笋芽文化”开展了精彩纷呈的月主题活动。如：“五月——劳动笋芽最光荣”“十月——小小笋芽话重阳”等让“笋芽精神”在有声有色的践行活动中，润物无声地扎根于班级建设，为班级灵魂插上一双腾飞的翅膀。

具有班级文化特色的月主题活动，让学生的校园生活多姿多彩。为了让月主题活动更加饱满，更加立体化，依据月主题，我们创设了更为贴切、丰富的周主题班会，让学生拥有周周有趣味、周周有精彩的学习生活。

富有特色的践行活动，对学生的影响是潜移默化又行之有效的。

9 月，根据月主题活动，我班召开“我的梦想”主题班会——“今日春笋芽，明日青青竹”。班会上，诵其诗、赞其魂、歌其神，再次学习笋芽拼搏向上的品格，并通过观其形提出“笋芽破土节节高”的口号，号召学生做一名有梦想、有计划并为梦想而努力拼搏的笋芽人，开启了“小小笋芽节节高”的班级活动。学生以我班

"破土期"的年主题活动为依托，根据自身的兴趣、专长，借竹子的形态绘制学年、学期、每月、每周的学习生活计划蓝图。竹节代表一个学年的成长设想，竹枝代表一个学期的规划，竹叶代表每周的学习计划，并且节节拔高，当幼竹被绘上嫩绿的色彩，学生距离"青竹"就更进一步。这个"笋芽破土蓝图"是笋芽精神的缩影，学生为实现"青竹梦"而努力学习。勤学的班风日浓，处处可见伏案苦读的身影，勤学拼搏的精神节节拔高。班里一位叫小南的学生，学习能力强，在高效地完成课业后"无所事事"。在此次班会课后，一棵迎风傲立、竹节分明的小竹在他的手中绘成。此后，不再见其课后的"百无聊赖"，随之出现的是他勤奋苦读、争分夺秒为小竹增色的身影，甚至开始预习下学期的知识。在小南的带领下，班级勤学氛围更浓，相互帮助绘制自己的梦想蓝图，坚定"勤学苦读为明朝，笋芽破土节节高"的信念，勤勉为荣、惰学为耻，为"青竹梦"而奋力拼搏。

"笋芽"为翼，彰显勤学理念

羽翼已成，信念已生，成为班级文化的向导，引领勤学班风，让每一个学生奋发向上、积极乐观、健康成长。在"笋芽精神"的感召下，班级呈现出一种勤奋乐学、自觉自主的氛围，班级的卫生和纪律逐渐好转，上课时同学们不再交头接耳，作业完成及时不拖沓，地面不再狼藉一片，并且开始为班级是否得到流动红旗而时喜时悲，开始为作业是否全优、今日学业是否高效完成而得意懊恼，班级里逐渐形成了"竞争破土"的学风。我趁机在班里提出"勤学"理念，号召同学们再次深入学习"笋芽精神"，刻苦钻研，勤学苦练。悄然间，学生们将每周评选的"笋芽杯"中"最勤奋的笋芽"看作最高奖项，同桌之间、小组之间、宿舍之间开始了大比拼。上课发言次数多、作业的正确率高、物品的整洁等，都成为孩子们努力的方向。潜移默化间，受勤学之引领，学生们与笋芽精神渐渐相融。班里的小强，学习能力较差，又不能吃苦，对待学习缺乏恒心，但对植物情有独钟。我以此为突破口，借笋芽的生长特性，使笋芽"钻"的精神得到其认同，他承诺尝试做出改变。至此，每逢上课，小强尝试回答问题，同学们都报以热烈的掌声。他的作业不再拖沓涂鸦，同学们争相在每周班会课上分享小强的点滴进步，并向其学习。小强将"奋发向上，顽强拼搏"张贴在桌角，作为座右铭时刻自勉。"笋芽精神”成为我班班级灵魂的缩影和羽翼，为班级文化的发展引领了方向，彰显了我班的勤学理念，促使学生养成学会学习的核心素养。勤学之班风，笋芽之班魂渐渐塑成。

制度治班管其身，文化治班方能塑其魂，以文化铸造班魂，以班魂引领班风，以班风指引行动，以行动共筑班魂。班级文化凝聚班级的向心力，产生一股自下而上的强大力量，推动班级的建设，引领学生协力追求共同的理想。我班以“笋芽精神”为支点，引领班级践行方向，彰显勤学理念，锻造班级文化之魂，使之魂本相依，带动学生彰显着生命的活力和班级文化教育的张力。“笋芽”为翼，为我所育学子之童真灵魂，寻得一双翅膀，班之魂扶摇直上，“今日春笋芽，明日青青竹”的梦想可期！

（洛阳华洋国际学校小学部　张梦柯）

专家点评

班级文化建设是当代教育教学和班主任管理工作中不可或缺的一部分，是一种特殊的教育形式。

张梦柯老师以“笋芽精神”为支点，来撬动班级管理，成效是显而易见的。从创办笋芽班，到引导“笋芽精神”的具象化，再到形成浓厚勤学的班级氛围，通过张老师循序渐进的引导，“笋芽精神”与班级的集体特征和个性特征相融合，让勤学理念在学生心中扎根。

张老师以“笋芽精神”为支点建设特色班级文化，让“笋芽精神”成为德育的重要载体，使得学生在共同的价值观念、行为规范和思想作风的影响下，为实现“今日春笋芽，明日青青竹”的班级目标而共同奋斗。

（河南省特级教师　张华）

案例 12

群蜂采蜜忙　酿得百花香

想当好一个班主任、带好一个班级很不容易。我当班主任以来，尝试过很多方法，立规矩、建制度、事事躬亲，不仅自己很累，而且收效甚微。学校组织班主任培训，会上，裴校长说："人管人，管一点；制度管人，管一片；思想管人，管全面。文化管理就是一种思想管理。"这些话点醒了我，我的班级缺乏的就是特有的文化和精神呀！以前总是老师在发号施令，殊不知学生才是班级管理的主体，如果在班级管理的过程中能发挥学生的力量，同时培养学生发展的核心素养，提升他们的综合素质，班级管理就成功了一大半。

人人争做小蜜蜂

我带的这个班是经历过一次分班后新组成的班级，加之新学期又转来一些插班生，整个班级显得很涣散，缺乏凝聚力，学生没有集体意识。在学习上，班上的学生有一个共性就是比较贪玩，缺乏勤奋刻苦和持之以恒的精神。我在寻找班级管理的文化支点的时候，发现班里的学生都很喜欢小蜜蜂，而蜜蜂是"勤劳、团结"的代名词，蜜蜂身上的品质不正是他们所缺乏的吗？我把这些想法在班会课上和孩子们进行分享，得到全班同学的热烈响应。于是，围绕蜜蜂精神，结合我们学校崇尚学习、自行自律的校风学风，确定了我们班的班名为"小蜜蜂班"。为了增加学生对小蜜蜂的了解，使学生喜欢上小蜜蜂，我们开展了有关小蜜蜂的知识竞赛。孩子们为竞赛，做了充足的准备，详细了解蜜蜂采花酿蜜的过程和蜜蜂之间的分工合作。提到蜜蜂，就连班里最不爱发言的孩子都能头头是道地讲上一番。有了这个基础后，我又组织学生开展了一期以"蜜蜂精神"为主题的班会，用小蜜蜂的故事激励学生，讲述具备蜜蜂精神的人和事。这些活动让孩子们对"勤劳勇敢、团结合作、积极进取"的蜜蜂精神有了深深的认同感。

我和同学们一起确定了我们班的班级口号：人人争做小蜜蜂。确定班呼时，虽然我觉得学生年龄比较小，能力有限，但我还是抱着试一试的心态放手让学生做，学生听到自己可以定班呼，都很兴奋，开始小声讨论起来。下课后，不少学生给我递过来写有新班呼的小纸条，有的是几个人合作写的，有的是自己独立完成的，写得都很认真。班会课上，我把各种各样的班呼念给学生听，最后杨一帆和杨喃写的班呼得到了全班最高的呼声——“小蜜蜂班，绝不一般。勤劳团结，勇往直前。”

教室变身百花园

为了更好地培养“小蜜蜂”们的学习习惯、行为习惯，我们在班级文化墙上设立了“采花园”“酿蜜园”“收藏园”“评比栏”。教室变成了“小蜜蜂”们的百花园。采花园中，让在各个方面表现突出的学生采到勤奋花、劳动花、环保花、纪律花、学习花、阅读花、发言花、巧手花等。这种新颖的方式很受学生的欢迎，他们一个个都希望自己能榜上有名。酿蜜园作为专门的学习版块，日积月累，提升学生的文学素养，锻炼学生持之以恒的精神，让学生在读书时有方向，读好书并读有所感。收获园中展示了学生各科优秀作业，通过作业展示，在学生中树立榜样作用，促进学生之间相互学习。评比栏中贴上每个学生的名字，根据班级奖惩制度贴花朵，比一比谁得到的小红花多，这一举措出现了“群蜂采蜜忙”的喜人景象。

班级后黑板是班级文化的思想教育阵地，结合学校德育 12 个品格月的内容每月一更新，来丰富学生的精神文化。教室外墙成了“巧手小蜜蜂”的手工作品展示天地。

在班级环境布置的过程中，我们师生一起开动脑筋，动手装饰教室，焕然一新的教室是我们全班同学共同的劳动成果。环境的创设，不仅为学生营造了一个你追我赶、互相学习的氛围，更让我欣慰的是初步形成了我们小蜜蜂班勤奋团结的家文化。

班级盟约指方向

无规矩不成方圆。要使班级管理井然有序，还需要有制度的约束和奖惩措施的激励。这些由谁来提出？怎么提出？经过思考，我决定以“订立《小蜜蜂班班级盟约》”为中心开一次班会课，让学生自己制定我们班的班级制度和奖惩措施。

经过讨论，师生共同订立《小蜜蜂班班级盟约》来要求自己，盟约上有全班“37只小蜜蜂”的签名。由于盟约是学生们参与制定的，他们都会自觉遵守与维护。我联合美术老师教学生们画小蜜蜂，做有关小蜜蜂的手抄报，并让他们在画上写上自己的周目标、月目标、学期目标、学年目标，张贴在教室，时刻提醒自己、激励自己。我们又一起制定出了集卡片换花朵到学校“五育成长银行”兑奖品的奖励机制。奖惩细化到每一件小事上，并把班级盟约和奖惩措施张贴至公示栏。连我们班自制力较差的子航、上课爱做小动作的浩辰发言也特别积极。这次班会让学生心甘情愿地给自己戴上了紧箍。严格具体的班级制度推动班级各项工作平稳发展，学生们在学习、纪律上的主动性有了明显的提高。

酿得百花成蜜香

在开展班级活动时，我始终把蜜蜂精神贯穿始终，让蜜蜂精神成为班级管理的抓手，为我服务。不久，学校要举办“迎十一红歌赛”，我很早就开始在心里面筹划，怎样才能唱出自己班级的特色。我把这个消息告诉学生后，文艺委员提议：“老师，我们唱《劳动最光荣》吧！这首歌唱的就是小蜜蜂呀！”比赛时，孩子们一个个身背蜜蜂翅膀，头戴触角，以一曲《劳动最光荣》获得了评委们的掌声与称赞。看着他们，我仿佛看到了一只只勤劳团结的小蜜蜂，他们的动作整齐划一，他们的歌声动听嘹亮。只有我知道学生们在台下付出了多少，排练时孩子们嗓子都唱哑了，拿着水杯喝完水接着唱；我的要求比较高，一个动作要练很多遍，但是孩子们一声累都没有喊。学生们对我说：“老师，这是我们自己的歌，我们一定要唱好。”“我们是不怕苦、不怕累的小蜜蜂！”虽然活动结束了，但是孩子们却养成了不怕吃苦的精神，知道为班级争光了，这让我很欣慰。用文化管班以来，变化最大的还是我们班的后进生。例如我们班的“拖拉大王”，写作业慢，吃饭慢，站队慢，上课爱迟到，让老师们很头疼，但是他现在成了一个班级活动的“积极分子”。我们班在牡丹文化艺术节排练的节目《硕鼠》，获得了一等奖，表现最显眼的就是他。我就用这件事激励他，并承诺，只要改掉拖拉的毛病，期末就颁给他“小蜜蜂奖章”。孩子听后更激动了，之后能明显看出他的努力。结合学校的德育 12 个品格月，我们制定了 12 个月主题活动。例如九月主题活动为

“小小蜜蜂懂感恩”，通过班会等形式培养学生自立、自信、自强的好品质，教育学生尊师重教；十一月“与小蜜蜂共成长”，观察小蜜蜂，写小蜜蜂观察日记，记录自己的成长与进步。年终，我们进行了“蜜蜂精神人物颁奖大会”，我承诺过给予优秀的学生“小蜜蜂奖章”。当学生戴上独一无二的奖章时，心中充满了自豪感、荣誉感。

开展班级文化建设工作让我这个班主任尝到了甜头，工作轻松了很多。学生成长有了蜜蜂精神的驱动，纪律不用我天天强调了，班长就是小蜜蜂班的蜂王，认真负责有威信；作业不用我经常催了，同桌两个同学总能互相督促；卫生变化也很大，我总是夸我的孩子们像一只只干净的小蜜蜂。当然，我知道班级管理工作不可三天打渔两天晒网，更不能朝令夕改，唯有坚持下去才能取得最终的胜利。

（洛阳华洋国际学校小学部　安迎芬）

专家点评

“人管人，管一点；制度管人，管一片；思想管人，管全面。文化管理就是一种思想管理。”这是教育专家裴素青经常说的一句话。安老师通过召开班会一起讨论，大家共同确定班名为“小蜜蜂班”，以“勤劳勇敢、团结合作、积极进取”的蜜蜂精神引领班风，统一思想，以物质文化营造氛围，布置班级文化墙，设立“采花园”“酿蜜园”“收藏园”“评比栏”。通过“蜜蜂精神人物颁奖大会”，颁发“小蜜蜂奖章”，激励班级所有的孩子勤奋、努力、上进，使小蜜蜂班真正成了一个温馨的百花园。

（河南省特级教师　张华）

记者观察

以文化支点撬动生命活力

“盐是生活的必需品，但我们不能直接吃盐，需要把盐放到菜里、汤里，才能吃得健康。为了让孩子健康成长，我们不能直接让孩子吃‘盐’，而是要精心做出美味佳肴，让孩子在不知不觉中得到滋养。这是我对学校开展‘探寻班级管理的文化支点’的理解。”在洛阳华洋国际学校（以下简称“华洋学校”）采访，学校名班主任工作室负责人杜兴义老师的话给记者留下了深刻印象。

让全校所有班级都充满活力，是让很多校长为难的一件事。然而华洋学校做到了，“一班一特色，班班有特色”在这里得到了很好展现。

学校校长裴素青告诉记者：“制度育人育一片，精神育人育全面。我们要让每个班都有文化支点，以点带面，先激活，再让学生的生命状态鲜活。”

我为班级献良策

张腾飞老师，由于原班主任休产假，半路接任初中部1507班班主任。这个说话幽默、总是笑容满面的年轻教师从一接班就琢磨打造什么样的班级文化。

他告诉记者，他明白学校倡导“探寻班级管理的文化支点”的用意，有了支点，有了文化的系统设计，那么班级就会朝良性方向发展。班级文化设计的过程，也是同学们成长的过程，全班参与，无声育人。

于是，“我为班级献良策”主题班会召开了。从班名“腾飞班”、班歌鹿晗的《勋章》，到班训“学传统文化，做时代潮人”，再到班徽的设计，全部由学生集体出主意，共同策划。

张腾飞老师说，只有班诗是自己写的，里边隐藏了多位学生的名字：

欲求蜕变过千帆，七班雅阁聚芃贤；朝气蓬勃似晨阳，明礼克己若宁恬。浩博书海浩博路，肯下功夫天应怜；大鹏一日乘风起，家栋国栋腾飞班。

除了共同设计班级这些基本元素，张老师和孩子们还共同拟订了“班级的理念阐述”“班级誓言”“班级安静法”“班级六大核心素养”，同时策划了班级显性文化如何布置、系列活动如何开展。

腾飞班“六大核心素养”是：一、腾飞认同；二、腾飞责任；三、腾飞理解；四、崇尚学习；五、学会学习；六、腾飞底蕴。

在“六大核心素养”里，类似“心中有着腾飞班，心中想着腾飞班”“换位思考，体谅他人”“有一颗包容的心，宽容他人”“尊重差异，求同存异”“有一颗明是非、知好歹的心”“会读一篇文章”“会说一句完整的话、有文采的话”“懂得珍惜眼前美好的一切”这样的细节描述比比皆是。

这样温馨的话语和全体学生参与的过程，让学生很是感动，对班级、对学校也有了深深的依恋和认同感。

在一节主题为“爱国是一种核心素养”的班会课上，同学们唱班歌、呼班级口号、诵班诗、看视频、毛笔抄写爱国诗词，激情满满。写有一手好字的刘俊初、刘俊良双胞胎兄弟手举写好的诗词告诉记者：“这样的过程，让我们更团结，让我们的归属感更强。因为我们一直在参与，而不是被动接受。”

汗水里淌出快乐和成长

张腾飞和他的初中部1507班是学校开展“探寻班级管理的文化支点”的一个缩影。学校每个班都结合自己的班级特点和大家集思广益的思考，设计出了一整套班级文化打造方略。每个班都按照自己的智慧结晶分头美化着教室、宿舍的里里外外。在记者采访的时候，正碰上每个班都在美化自己的教室外墙，学校称之为“涂鸦墙”。初中部1602班是第五届河南最具智慧力班主任评选候选人张小分带的班。她和同学们把自己的班命名为“劲竹班”，取自对联“凌云劲竹真君子，空谷幽兰绝美人”，寓意凌云之志、坚贞不屈、苍劲有力。在“劲竹班”的“涂鸦墙”上，孩子们拿着水彩笔，由浅入深地勾勒着竹子的风骨。秋高气爽的日子，汗水却从孩子们的脸上淌下，孩子们忘我地参与着、成长着。刚毕业就被招进华洋学校的刘令洁老师和董志恒老师分别担任初中部1605班和初中部1606班的班主任。两个班门对门，在“涂鸦墙”上画着同一个主题：牡丹。所不同的是，两个班各有侧重，一个从纵的方面构思，一个从横的方面切入。初中部1605班从武则天贬牡丹的历史传说来切入，分为“焦骨牡丹”“脚步心传”“乡味相识”三个章节。初中部1606班的“涂鸦墙”则分为四幕：盛放、抗争、奋斗和华章。从汉唐遗风讲起，到抗日战争，再到洛阳复兴，最后到洛阳城以创新、开放、包容的姿态完美绽放。两个班的文化相近又相异，给孩子们带来了不一样的体验。在“腾飞班”，孩子们配合着自己班的文化主题，出版了《腾飞日报》，每一期由一个小组的孩子共同完成，每天一期。在孩子们的笔下，每一期的报纸编辑得像模像样。每一期报纸成了孩子们展示自己的一方小小舞台。“腾飞班”的家校联系本也值得一提，每个孩子一本，孩子在上面写下一周的学习内容和体会，家长写下感受。家校联系本成了反馈家长心声的一座桥梁。孩子们在这样的参与中，感受到了成就感和使命感。初中部1606班“涂鸦墙”的总策划田珂昕同学告诉记者：“这样的活动让我们拥有了不一样的生命体验。在华洋学校，这样的班级文化让我们心更齐、劲更足。”

有根，方能绵远

打造有根的文化，给孩子不一样的生命体验，在华洋学校每一个班里，有着最为真实的展现。“劲竹班”在打造班级显性、隐性文化的基础上，还让班级文化活动实现了序列化。他们在学校12个品格月课程体系的基础上，设计了自己班级的12个月活动。一月：励志，举行“一年之计在于春”演讲（抓住大好时光，积蓄力量，拔节向上）。二月：亲情，以“享受亲情，回报亲情”

为主题写一篇记录春节生活的文章。三月：环保，学雷锋、办手抄报增强环保意识，发动全班学生义务在学校捡垃圾，积极参加学校组织的植树活动。四月：文明礼仪，清明节参加扫墓活动，继承优良传统，发扬革命精神，做个谦虚有礼、积极向上的少年。五月：爱心，给学校最普通的劳动者写一封慰问信或制作一个小礼物（关注尊重劳动者）。六月：理解，开展“今生的相遇都是最美的重逢”主题班会。七月：诚信，开展“在家我也是好学生”活动（让家长和学生在诚信的前提下共同做出学生暑假生活学习鉴定）。八月：实践，开展社会实践活动。九月：理想目标，开展“我的凌云志”演讲。十月：拼搏，发挥拼劲，积极参加“红歌大赛”、强身健体“达标运动会”。十一月：成长，举办“我的成长故事”征文活动，开展感恩主题班会。十二月：创造，开展“迎新年，献心礼”发明创作主题活动。

在每个班，都有类似这样的可持续的设计。在初中部 1407 班“崇礼自律班”的后墙上，一幅阶梯状的图给记者留下了深刻印象。一共八阶的图分为：我不会做、我不想做、我想做、我该怎么做、我会尽量做、我会做、我能做、我做到了。八阶图帮助孩子厘清了每一个思想阶段的问题，为成长加油助力。以棋文化为核心的博弈班、以《狼图腾》为思想内核的狼图腾班等班级，都在以自己的方式，给孩子们营造着有成长支点的班级文化。校长裴素青说：“良好的班级文化氛围、积极健康向上的学习环境，对学生的成长、成才影响巨大。它对学生的人生观、价值观、心理品质、行为习惯、道德情操的形成发挥着‘润物细无声’的良好效果，甚至能为学生的一生发展奠基。孩子们在这样的班级文化里学会了学习、学会了做人、学会了做事。”

（2016 年 9 月 28 日《教育时报》 记者黄杰）

第三章

12 个品格月让班级德育目标体系化

一、12个品格月德育目标体系化的构建

1. 班级德育现状分析

德育是所有教育的根本与灵魂所在。北京师范大学林崇德教授曾经说过："德育为一切教育的根本，是教育内容的生命所在，德育工作是整个教育工作的基础。"目前，随着教育的发展，中小学德育的新老问题摆在了我们的面前，如重智轻育、内容僵化乃至异化、范围狭窄单薄、中小学生的心理健康问题等。就目前中小学德育现状分析，存在的共性问题如下：

（1）德育活动形式化倾向

由于学校对德育不够重视，班级德育从内容、过程到结果都出现德育表面化、空洞化和形式化倾向。具体表现在以下几个方面：德育计划不能从班情、学情实际出发，空洞说教；德育活动多由班主任包办代替，或机械地照搬别人的经验，无视学生主体，甚至出现只是为了应付上级检查，才轰轰烈烈开展，声势很大，拍照记录，证明我们搞了某个德育活动；德育受到应试教育的猛烈冲击，德育的空间被文化课挤占，很多学校打着素质教育的幌子，本质上仍然是在进行应试教育，德育也只是流于形式，充当着可有可无的角色。南通大学丁锦宏教授说：我们必须懂得，形式主义的德育，不能落实到学生的生活实践中、不能融汇到学生主体人格成长中、不能鲜活地彰显于学校文化环境并自觉成为社会之德风的德育，不只是弱效乏能，还可能无效甚至产生某种反德育功能。

（2）德育方法陈旧、呆板、单一

目前学校德育方法陈旧呆板，没有与学生的发展和社会的进步有机统一，仍以老师照本宣科或正面宣教为主，缺乏联系生活实际，往往忽略激发学生在道德自我完善方面的内在需求，导致学生的重视度不高，兴趣偏低。大部分学生认为德育课程可有可无，被动地去学习，思想上并没有意识到这门课程对树立正确人生观、价值观和世界观会产生怎样的影响。

（3）德育内容体系不够完整

德育内容缺乏应有的层次性和整体性。从小学到大学，德育内容变化小、重复多，有些德育内容还出现本末倒置现象，如给小学生讲爱国主义，大学生讲感恩、讲文明礼貌等。德育内容缺乏课程化、系统性的统筹安排。由于德育目标过于理想化，不符合青少年学生的心理发展特征，与学生的成长需求脱节，便很难融入学生的日常行为实践并影响其人生观的树立，德育内容就演变成了空洞的道德说教，进而导致学校德育与社会、家庭脱节。家庭德育、社会道德的缺失对学校和学生德育有很大的影响，如见义勇为被误解、助人为乐被敲诈等负面事件的恶劣影响。学校教育与家庭、社会脱节，德育资源缺乏必要整合，最终导致我国整体德育质量难以保证。

（4）德育评价机制不健全

由于受传统应试教育的影响，教师认为只要提高学生的学习成绩就算完成教学任务，一切教育评价都是着眼于考试分数的高低，教师只是重教书，不重育人，严重忽视了学生道德品质培养。对学生德育成果的评价标准甚至是通过相关的考试题得分高低来判定，因此很多时候学生都把德育当作一种知识来记忆，根本没有将所学到的内容深入内心去理解。德育目标缺乏层次性，缺乏明确的要求、指标，缺乏关注学生的个体差异，常常用一个道德标准去衡量所有的学生，缺乏针对性；现在学校虽然对学生进行综合素质评定，但是大多还是走过场，不能很好地利用这个评价的杠杆；有些学校在德育评价上看重搞了几次活动、有过几次竞赛、班主任有没有制订计划等，用形式的东西来考核德育工作。由于社会和家长对学校的评价也往往只看重分数、忽略学生的精神成长和德育效果，导致教师和学校领导不得不挤占德育活动的时间，用来补习文化课。

2. 德育 12 个品格月理念的提出

（1）提出背景

基于对目前学校、班级德育现状的分析，结合学校德育工作实际，2013

年，我在学校提出了构建12个品格月德育目标体系，旨在使中小学德育目标具体化、课程化、体系化。12个品格月德育目标体系即一年按12个月设计12个月主题活动，每月设计4个主题班会活动，全年12个月共设计48个德育主题班会活动。通过这个德育目标体系的构建，形成全年德育目标课程化体系。

12个品格月的德育内容依据社会主义核心价值观、中小学生核心素养、学校的核心育人理念和中小学生的德育目标进行设置，其内容涵盖爱国教育、传统美德教育、革命传统教育、养成教育、责任教育、人格教育、诚信教育、环境道德教育、网络道德教育、心理健康教育、性教育、珍爱生命教育、安全法制教育、挫折教育、目标理想教育、职业规划教育、学习方法教育、感恩孝道教育、社会公德教育、励志教育等，较全面地设置了德育目标内容，力求形成比较完整的德育目标体系。洛阳华洋国际学校经过六年的实践，很好地将德育目标与校风、学风结合，以12个品格月作为德育工作的载体，收到了良好的德育实践效果。

（2）德育12个品格月的理论基础

①社会主义核心价值观的理念：富强、民主、文明、和谐是国家层面的价值目标，自由、平等、公正、法治是社会层面的价值取向，爱国、敬业、诚信、友善是公民个人层面的价值准则。以这24个字社会主义核心价值观的基本内容作为设计12个品格月德育目标的重要理论支撑。

②中小学生核心素养：主要是指学生应具备的、能够适应终身发展和社会发展需要的必备品格和关键能力。核心素养是关于学生知识、技能、情感、态度、价值观等多方面的综合表现，分为文化基础、自主发展、社会参与三个方面，综合表现为人文底蕴、科学精神、学会学习、健康生活、责任担当、实践创新6大素养。以此作为德育12个品格月设计的重要理论基础。

③学校的核心育人理念：每个学校都有自己独特的育人理念和校园文化，如学校的“三风一训”体现着学校的育人导向功能，学校的育人理念必须通过班级德育来实现。洛阳华洋国际学校的核心育人理念是：立德树人，文化

立校，质量立本，特色强校。这些理念都是德育12个品格月主题活动设计的理论依据。

④中小学生德育目标：小学阶段德育目标是以具有良好的品德行为和文明习惯，具有“五爱”情感和生活自理能力为重点，以帮助小学生初步培养爱祖国、爱人民、爱劳动、爱科学、爱社会主义的情感为主线，树立基本的是非观、法治意识和集体意识，初步养成孝敬父母、团结同学、讲究卫生、勤俭节约、遵守纪律、文明礼貌的良好行为习惯，逐步培养起良好的意志品格和乐观向上的品格。初中阶段德育目标是热爱祖国，具有民族自尊心、自信心、自豪感，立志为祖国的社会主义现代化努力学习；初步树立公民的国家观念、道德观念、法制观念；具有良好的道德品质、劳动习惯和文明行为习惯；遵纪守法，懂得用法律保护自己；讲科学，不迷信；具有自尊自爱、诚实正直、积极进取、不怕困难等心理品质和一定的分辨是非、抵制不良影响的能力。高中阶段德育目标：热爱祖国，具有报效祖国的精神，拥护党的基本路线方针；初步树立为建设有中国特色的社会主义现代化事业奋斗的理想志向和正确的人生观，具有公民的社会责任感；自觉遵守社会公德和宪法、法律；养成良好的劳动习惯、健康文明的生活方式和科学的思想方法，具有自尊自爱、自立自强、开拓进取、坚毅勇敢等心理品质和一定的道德评价能力、自我教育能力。

上述都是德育12个品格月目标体系设计的理论基础。

3. 德育12个品格月体系的建构

（1）“月名称”的由来

德育12个品格月，是以德育品格来命名全年12个月的名称：一月，理想月；二月，亲情月；三月，文明月；四月，环保月；五月，科技月；六月，拼搏月；七月，诚信月；八月，实践月；九月，目标月；十月，爱国月；十一月，安全月；十二月，法治月。

品格月的名称由来：第一是依据学校教学规律、教学计划和教学时节来确定品格月名称。如九月为目标月，是依据九月是一个新学年开始的第一个月，新学年、新征程、新目标，每个学生都要制订自己的学习目标和学习计划，因此就以此来引领德育目标的实施。如六月为拼搏月，是根据高三学生六月要参加高考，初三学生六月要参加中考，其他年级六月也都进入了期末总复习阶段，因此确定六月为拼搏月，以此引领和鼓励学生勤奋学习，努力拼搏，取得优异的成绩。

第二是依据当月的节令、纪念日主题来确定品格月的名称。如二月是亲情月，是依据春节亲人团聚过大年来取名的；十月为爱国月，是依据十一国庆节来确定的以爱国为主题的品格月；十二月为法治月，是依据十二月四日“全国法制宣传日”来确定德育主题而命名的。

第三是依据学校的中心工作任务确定当月的德育主题。如五月科技月，是因为洛阳华洋国际学校的“六大校园文化艺术节”中的五月是“校园科技节”，由此确定五月的品格月名称为科技月；七月诚信月，是因为七月除高三、初三毕业班以外的其他各年级都进入了期末考试，命名为诚信月，借此对学生进行诚信考试、诚信做人教育。

（2）“品格花”的设置

品格花，分别以每月盛开的一种鲜花为品格花，并从花的寓意中提炼出的品质作为每月的花语，蕴含德育目标，托物言志，对学生起到激发情感的作用。12 个品格花设置如下：

一月品格花：迎春花

【花语】带雪冲寒，召唤春天，象征理想，寄寓希望。

二月品格花：紫罗兰

【花语】赏心悦目，沁人心脾，人伦亲情，孝慈高尚。

三月品格花：白玉兰

【花语】洁白如玉，朵朵向上，高雅美丽，纯真善良。

四月品格花：牡丹花

【花语】根在河洛，国色天香，品格高尚，富贵吉祥。

五月品格花：幸运草

【花语】生生不息，见证奇迹，创新科技，不竭动力。

六月品格花：荷花

【花语】迎骄阳不惧，出淤泥不染，不惧磨难，追求理想。

七月品格花：桔梗花

【花语】抱朴守真，诚实守信，胸怀宽广，敢于担当。

八月品格花：桂花

【花语】朴实无华，香满天下，脚踏实地，启智求真。

九月品格花：美人蕉

【花语】目标明确，意志坚强，志存高远，崇尚美好。

十月品格花：一串红

【花语】奔放高雅，赤红热烈，修齐治平，家国情怀。

十一月品格花：月季花

【花语】姿态优美，四季常开，友善关爱，心系安全。

十二月品格花：蜡梅花

【花语】百花之先，凌寒绽放，钢铁筋骨，春之情怀。

（3）“月主题活动”的设置

德育“月主题活动”一般为全校性活动，依据德育目标全年共设计了 12 个“月主题活动”。月主题设计首先要突出当月品格月的特点，体现学校的核心育人理念：“立德树人，文化立校，质量立本，特色强校。”结合学校的六大校园文化艺术节（校园故事节、校园牡丹文化艺术节、校园科技节、校园读书节、外语文化艺术节、迎新年社团文化艺术节）活动和学校六大主题实践活动（爱心之旅、励志之旅、磨砺之旅、探索之旅、研学之旅、探寻河洛文化之旅）的开展，同时也结合教学特点、纪念日和时事新闻事件等设计月主题活动。12 个月主题活动具体设计如下：

一月理想月：月主题活动围绕“新年伊始，新的梦想，新的目标，新的希望，新的征程，盘点过去一年，展望新的一年”，确定更高的目标开展。

二月亲情月：月主题活动围绕中国人心中最隆重的节日——春节，体味浓浓亲情，感受传统文化，利用寒假开展丰富多彩的主题实践活动。

三月文明月：月主题活动围绕精神文明伴我行，说文明话，做文明人开展活动；传承优秀传统文化，学校举办“河洛故事节”。

四月环保月：月主题活动围绕贯彻五大发展理念，树立健康环保意识开展活动。四月是洛阳牡丹盛开的季节，为传承优秀传统文化，培养学生爱家乡的情怀，学校举办一年一度的“校园牡丹文化艺术节”。

五月科技月：月主题活动围绕校园科技节等六大主题实践活动开展，培养学生科学创新的品质和精神。

六月拼搏月：月主题活动结合期末工作，围绕认真复习，备战中考、高考或期末考试设计活动，体现学校拼搏的文化。

七月诚信月：月主题活动利用暑假时间，组织研学夏令营及各种丰富多彩的社会实践活动。

八月实践月：月主题活动利用暑假时间，鼓励学生参加丰富多彩的实践活动。

九月目标月：月主题活动围绕九月新学年、新学期计划，以“新学年、新目标”设计主题活动，学校开展“迎国庆、颂祖国”歌咏比赛。

十月爱国月：月主题活动围绕十月是爱国主义教育月，结合国庆节和校园读书节开展以爱国主义教育为主题的系列活动，增强学生民族自豪感和强烈的爱国主义情怀。

十一月安全月：月主题活动围绕安全应急疏散演练和安全知识培训开展活动，使学生树立珍爱生命的观念，学会自救的本领。学校举行外语文化艺术节活动。

十二月法治月：月主题活动围绕我国的法制宣传月，大力弘扬法制精神开展系列活动。学校举行“迎新年社团文化艺术节”。

（4）“周主题班会”的设计构想

主题班会是德育目标落地的关键载体，是班级文化建设的重要途径，是学生习惯养成、品德修养、人格塑造、三观形成的生动课堂。洛阳华洋国际学校设计的德育12个品格月，紧扣德育大纲中对相应年级的要求，从学生发展实际出发，依据不同班情并结合时代发展特点，围绕德育目标设计目标明确、观点正确、主题突出的系列主题班会。每月4个主题活动，全年12个月共设计了48个主题班会和N个自选主题班会，落实国家、学校和班级三级育人目标要求，力求实现德育目标的课程化、体系化，真正将育人目标落到实处。德育12个品格月系列主题班会的具体设计思路如下：

①依据学生的学习节奏和思想动态设计班会主题。如：六月拼搏月第一周主题班会设计为“高考壮行”主题班会（高三），八月实践月第四周主题班会设计“高中军训第一课”主题班会（高一），九月目标月第一周主题班会设计为“我的高中我的梦”主题班会（高一）、“新学期，新目标”主题班会（高二）、“我的大学梦”主题班会（高三）。

②依据每个月的节令、纪念日确定班会主题。例如：五月第一周主题班会围绕五四青年节设计“我们是青年”主题班会；九月结合九一八纪念日，设计第三周主题班会为“纪念九一八，勿忘国耻，振兴中华”主题班会；十月第二周结合中秋节设计“团团圆圆过中秋”主题班会；十二月法治月，结合十二月四日“全国法制宣传日”与全面依法治国方针设计开展活动，第一周设计为“学法、知法、守法”主题班会等。

③依据学校文化设计主题班会。如围绕洛阳华洋国际学校的“六大校园文化艺术节、六大主题实践活动”设计每月的周主题班会。如四月是洛阳牡丹盛开的季节，因此学校设计四月第二周的主题班会为“校园牡丹文化艺术节”；依据五月科技月设计的第三周主题班会为“追寻科技之光”；六月拼搏月，结合学校“自省、自律、自治、自动”的学风设计第三周主题班会为“认识自我、树立自信”。

④依据一些时事、重大事件确定主题班会。如四月是洛阳市国际牡丹文化艺术节，据此班会设计为“文明洛阳，我是形象大使”；又如高中设计“18岁成人仪式”主题班会活动，培养学生的责任和担当意识；六月初三、高三

围绕毕业季开展“流年印记，毕业季追忆我们的故事”主题班会；等等。

⑤依据当下新闻时事、重要事件确定主题班会。如2017年10月18日党的十九大召开时，我们设计了“青春筑梦十九大，不忘初心跟党走”主题班会。再如2016年8月21日，里约奥运会女排决赛，中国女排在先失一局的不利局面下连扳三局，以3∶1逆转，战胜塞尔维亚女排获得金牌，再次站在了世界之巅。这场比赛使全体中国人振奋不已，正如共青团中央微博中写的“30年后，女排精神仍然让我们热泪盈眶”。围绕学习中国女排精神，华洋国际学校女子高中设计了“铿锵玫瑰，盛开自强之花”主题班会，以女排精神为引领，激励华洋女子高中学生拼搏努力，勤奋学习。

（5）“自选主题班会+”的设计构想

德育12个品格月全年共设计了12个月主题活动和48个主题班会活动，这些作为德育的系列课程，实现了德育目标的系统化和课程化。同时，为了挖掘班主任的个人管理潜能，发挥班主任个性化特色班级管理，为班主任提供更大的发展空间，调动班主任管理的积极性，12个品格月专门设计了自选班会主题板块，不仅为班主任提供了个性化设计空间，也可以就班级突发事件、社会热点问题等适时设计自选主题班会。12个品格月规定德育主题加上自选班会主题，使得德育内容更加丰富，更加贴近班情和校情，更能结合学生当下急需解决的思想问题，使得12个品格月班会主题内容设计既具系列性、规范性，又突出了灵活性、适时性和科学性。

例如：九月品格月的整体设计（以高中为例）

九月：目标月

【品格花】

美人蕉

【华洋花语】

目标明确，意志坚强，志存高远，崇尚美好。

【月主题活动】

九月是新学年的开始，围绕“新学年，新目标”设计主题活动，学校开展一年一度的“迎国庆、颂祖国”歌咏比赛。

【周主题班会】

第一周：“我的高中我的梦”主题班会（高一）、“新学期，新目标”主题班会（高二）、“我的大学梦”主题班会（高三）。

第二周：“感恩老师，庆祝教师节”主题班会。

第三周：“纪念九一八，勿忘国耻，振兴中华”主题班会。

第四周：“我的班级我的家”主题班会。

【自选班会主题】

班主任还可以围绕暑假生活开展交流活动，或者结合《开学第一课》，起始年级可以结合如何建立班规、班约等开展主题班会活动。

二、12 个品格月德育目标体系（模块）

1. 小学德育 12 个品格月目标体系（模块）

一月：理想月

【品格花】

迎春花

【花语】

带雪冲寒，召唤春天，象征理想，寄寓希望。

【月主题活动】

围绕“新年伊始，新的梦想，新的目标，新的希望，新的征程”开展活动。盘点过去一年，展望新的一年，确定更高的学习目标。

【周主题班会】

第一周：“小目标，大理想”主题班会。给自己过去的一年进行盘点总结，制定新一年学习目标，并朝着目标不懈努力。

第二周：“努力拼搏，超越自我”主题班会。依据学校的“拼搏文化”开展主题班会。讲励志故事，培养学生的拼搏精神。

第三周：“期末考试总动员”主题班会。

第四周：“我的寒假我做主”主题班会。

【自选班会主题】

还可以结合期末考试，如诚信考试教育、学习方法交流等，从不同角度设计开展主题班会。

二月：亲情月

【品格花】

紫罗兰

【花语】

赏心悦目，沁人心脾，人伦亲情，孝慈高尚。

【月主题活动】

体味浓浓亲情，感受传统文化，参加丰富多彩的实践活动。春节是中国人心中最隆重的节日，利用寒假开展丰富多彩的主题实践活动。

【周主题活动】

活动 1：感受“过大年”传统文化主题实践活动。（1）收集春联和不同地域的春节习俗，了解我们传统的节日文化。（2）让学生多角度了解现在的春节与过去的春节有什么不同，体会祖国日新月异的发展与变化。

活动 2：“亲子共做红灯笼”主题实践活动。（1）春节期间，全家人一起动手，制作一件优秀的灯笼作品。（2）收集有趣灯谜，开学后参与学校一年一度的灯笼节，传承优秀传统文化。

活动 3：寒假社会实践主题活动。（1）参加社区公益活动。（2）参加冬令营研学活动，参观科技馆和博物馆等。（3）围绕环保、交通秩序、社会公德等做社会实践调查，写一篇纪实作文。

【自选活动主题】

还可以围绕过春节开展活动，如吃在中国、看在中国等；围绕二十四节气开展学习传统文化活动；围绕“我的压岁钱”开展活动，教育学生明白长辈给的压岁钱里深藏的爱以及学会合理使用压岁钱。

三月：文明月

【月品格花】

白玉兰

【花语】

洁白如玉，朵朵向上，高雅美丽，纯真善良。

【月主题活动】

围绕精神文明伴我行、说文明话、做文明人、传承优秀传统文化开展活动。学校举办一年一度“校园故事节”。

【周主题班会】

第一周：“学习雷锋好榜样”主题班会。

第二周：“一年之计在于春”主题班会。围绕勤奋、惜时等话题开展活动。

第三周：节水、节电、节粮“三节”主题班会。

第四周：“河洛故事人人讲”主题班会。培养学生爱家乡的情怀，做优秀文化的传承人。

【自选班会主题】

还可以围绕“文明洛阳我代言”、植树节等内容设计主题班会。

四月：环保月

【品格花】

牡丹花

【花语】

根在河洛，国色天香，品格高尚，富贵吉祥。

【月主题活动】

贯彻五大发展理念，树立健康环保意识，传承优秀传统文化，举办“校园牡丹文化艺术节”。

【周主题班会】

第一周：“我是环保小卫士”主题班会。

第二周：“校园牡丹文化艺术节”主题班会。

第三周：“我运动，我健康”主题班会。

第四周：“亲子共读一本书”主题班会。结合“世界读书日”开展活动。

【自选班会主题】

还可以围绕清明节或期中考试等主题开展班会活动。

五月：科技月

【品格花】

幸运草

【花语】

生生不息，见证奇迹，创新科技，不竭动力。

【月主题活动】

围绕“校园科技节”和六大主题实践活动，培养学生科学创新的品质和精神开展活动。

【周主题班会】

第一周：“劳动最光荣”主题班会。结合五一劳动节开展活动。

第二周：“感恩母亲”主题班会。结合母亲节开展活动。

第三周：“我是科学小创客”主题班会。围绕“科学精神”开展活动。

第四周：“献爱心，我们在行动”主题班会。结合全国助残日开展活动。

【自选班会主题】

还可以围绕六一国际儿童节、多彩童年等内容设计主题班会。

六月：拼搏月

【品格花】

荷花

【花语】

迎骄阳不惧，出淤泥不染，不惧磨难，追求理想。

【月主题活动】

六月是一个学年的结束，围绕认真复习、备战期末考试设计班会活动，突出学校拼搏精神文化的引领。

【周主题班会】

第一周："我的中学梦"主题班会（六年级）、"期末总复习，努力创佳绩"主题班会（一年级至五年级）。

第二周："与人共处，团结合作"主题班会。

第三周："学会管理时间，提高学习效率"主题班会。

第四周："诚信考试"主题班会。围绕期末考试总动员开展活动。

【自选班会主题】

还可以结合"世界环境日"、父亲节等开展主题班会。

七月：诚信月

【品格花】

桔梗花

【花语】

抱朴守真，诚实守信，胸怀宽广，敢于担当。

【月主题活动】

利用暑假时间，参加夏令营研学活动及各种丰富多彩的社会实践活动。

【周主题班会】

第一周：“暑期安全教育”主题班会。

活动 1：“暑期亲子阅读”主题实践活动。

活动 2：“小脚丈量大世界”暑期夏令营研学实践活动。

活动 3：“我是华洋小拍客”主题实践活动，开学后参加学校暑假摄影展。

【自选主题活动】

还可以开展“暑期加油站”主题实践活动，即利用暑假进行文化课查漏补缺活动。

八月：实践月

【品格花】

桂花

【花语】

朴实无华，香满天下，脚踏实地，启智求真。

【月主题活动】

利用暑假时间，参加丰富多彩的实践活动。

【周主题活动】

活动1：围绕八一建军节，观看《闪闪的红星》《小兵张嘎》等优秀儿童影片，培养学生的民族精神。

活动2：“读万卷书，行万里路”，亲情游，祖国大好河山览胜。

活动3：“人人有特长”，利用暑期学习琴棋书画和体育运动项目，培养特长，全面发展。

活动4：“今日我当家”，用自己的实际行动为家庭做一些力所能及的事情，培养学生的家庭责任感。

【自选主题活动】

社会观察：到老家看望长辈，观察、比较农村和城市的不同等，开展丰富多彩的暑期社会实践活动。

九月：目标月

【品格花】

美人蕉

【花语】

目标明确，意志坚强，志存高远，崇尚美好。

【月主题活动】

九月是一个新学年的开始，围绕新学年、新目标设计主题活动，学校开展一年一度的“迎国庆、颂祖国”歌咏比赛。

【周主题班会】

第一周：“启蒙拜师礼”主题班会（一年级），“新学期，新目标”主题班会（二年级至六年级）。

第二周：“我们爱老师”主题班会。结合教师节开展活动。

第三周：“纪念九一八，勿忘国耻，振兴中华”主题班会。

第四周：“我们的班级我的家”主题班会。

【自选班会主题】

还可以结合《开学第一课》设计主题班会。对起始年级来说，要围绕如何建立新班级、如何制定班级公约等开展主题班会。

十月：爱国月

【品格花】

一串红

【花语】

奔放高雅，赤红热烈，修齐治平，家国情怀。

【月主题活动】

十月是爱国主义教育月，结合国庆节和“校园读书节”开展以爱国主义教育为主题的系列活动，增强学生民族自豪感和爱国主义情怀。

【周主题班会】

第一周：“我爱我的祖国”主题班会，结合国庆节开展活动。

第二周：“红领巾，心向党”主题班会，围绕少先队建队日开展活动。

第三周：“团团圆圆过中秋”主题班会，了解中国传统的节日文化。

第四周：“让读书成为习惯”主题班会，围绕“世界读书日”开展活动。

【自选班会主题】

还可以结合秋天与收获、好习惯养成、“班规班风”等主题设计班会活动。

十一月：安全月

【品格花】

月季花

【花语】

姿态优美，四季常开，友善关爱，心系安全。

【月主题活动】

开展安全应急疏散演练和安全知识培训，使学生树立珍爱生命的观念，学会自救的本领。学校举行一年一度的“外语文化艺术节”活动。

【周主题班会】

第一周：“安全知识培训”主题班会。

第二周：“珍爱生命，学会自救”主题班会。

第三周：“学会自我管理，增强自治能力”主题班会。

第四周：“争做世界小公民”主题班会。结合学校“外语文化艺术节”开展活动，培养学生的国际视野。

【自选班会主题】

还可以围绕“全国消防安全教育日”和“世界糖尿病日”等开展安全与健康主题班会。

十二月：法治月

【品格花】

蜡梅花

【花语】

百花之先，凌寒绽放，钢铁筋骨，春之情怀。

【月主题活动】

每年十二月是我国的法制宣传月，以“大力弘扬法制精神，共建伟大中国梦”为主题开展系列活动。学校举行一年一度的“迎新年社团文化艺术节”。

【周主题班会】

第一周：“学法、知法、守法”主题班会。结合十二月四日“全国法制宣传日”与全面依法治国方针开展活动。

第二周：“学会宽容、学会交友、和谐相处”主题班会，体现社会主义核心价值观中友善的理念。

第三周：“面对成功与失败”主题班会。

第四周：“迎新年班级才艺展示”主题班会。结合学校的“迎新年社团文化艺术节”开展。

【自选班会主题】

还可以围绕期末总复习等设计主题班会。

2. 初中德育 12 个品格月目标体系（模块）

一月：理想月

【品格花】

迎春花

【花语】

带雪冲寒，召唤春天，象征理想，寄寓希望。

【月主题活动】

围绕“新年伊始，新的梦想，新的目标，新的希望，新的征程”开展活动。盘点过去一年，展望新的一年，确定更高的学习目标。

【周主题班会】

第一周：“盘点与展望”主题班会。给自己过去的一年列一份年度大事记，盘点过去，制订新一年的学习目标和计划。

第二周：围绕如何做一名优秀的学习者开展“学会学习”主题班会。

第三周：“期末考试总动员”主题班会。

第四周：“规划寒假，让时间增值”主题班会。

【自选主题班会】

还可以结合期末考试，如诚信考试教育，或邀请本校往届优秀毕业生进班做学习方法指导交流等，从不同角度设计开展班会。

二月：亲情月

【品格花】

紫罗兰

【花语】

赏心悦目，沁人心脾，人伦亲情，孝慈高尚。

【月主题活动】

春节是中国人心中最隆重的节日，利用寒假开展丰富多彩的主题实践活动，体味浓浓亲情，感受传统年文化。

【寒假主题活动】

活动1：感受“过大年”传统文化主题实践活动。（1）收集春联，学习春联文化。（2）了解春节的习俗文化。

活动2：体味亲情，传承优良家风主题实践活动。（1）了解家谱，续写家谱。(2) 为家族成员中对你影响最大的一个人写一篇人物传记。（3）围绕自己的家风，写自己的成长故事。（4）分担家务劳动，体会家庭责任。(5) 动手制作贺卡或特色新年礼物送给长辈，以示孝心。

活动3：寒假社会实践主题活动。（1）参加社区公益活动。（2）参加冬令营，参观科技馆和博物馆等。（3）围绕环保、交通秩序、社会公德等做社会实践调查，写出调查报告。

【自选主题活动】

还可以围绕春节、二十四节气等开展活动，如“吃在中国，看在中国”，使学生传承传统文化；围绕“我的压岁钱”等活动，使学生树立正确的金钱观，学会理财。

三月：文明月

【品格花】

白玉兰

【花语】

洁白如玉，朵朵向上，高雅美丽，纯真善良。

【月主题活动】

围绕精神文明伴我行、说文明话、做文明人、传承优秀传统文化开展活动。学校举办一年一度的“校园故事节”。

【周主题班会】

第一周：“续写雷锋日记”主题班会。

第二周：围绕勤奋、惜时话题开展“一年之计在于春”主题班会。

第三周：“文明中国，我在行动”主题班会。

第四周：“河洛故事人人讲”主题班会。培养学生传承优秀传统文化和热爱家乡的情怀。

【自选班会主题】

还可以围绕“文明洛阳我代言”、植树节和文明话题设计主题班会。

四月：环保月

【品格花】

牡丹花

【花语】

根在河洛，国色天香，品格高尚，富贵吉祥。

【月主题活动】

围绕贯彻五大发展理念、树立健康环保意识开展活动。传承优秀传统文化，学校举办一年一度“校园牡丹文化艺术节”。

【周主题班会】

第一周：“我们只有一个地球”主题班会。

第二周：“校园牡丹文化艺术节”主题班会。

第三周：“我运动，我健康”主题班会。

第四周：结合“世界读书日”开展“青春做伴好读书”主题班会。

【自选主题班会】

还可以围绕清明节或期中考试等主题开展班会活动。

五月：科技月

【品格花】

幸运草

【花语】

生生不息，见证奇迹，创新科技，不竭动力。

【月主题活动】

学校开展一年一度的“校园科技节”和六大主题实践活动，培养学生科学创新的品质和精神。

【周主题班会】

第一周：“传承五四精神”主题班会。

第二周：结合母亲节开展“感恩母亲”主题班会。

第三周：“追寻科技之光”主题班会，结合“校园科技节”开展活动。

第四周：结合“世界无烟日”开展“拒绝不良嗜好”主题班会，强化学生自律教育。

【自选主题班会】

还可以围绕“全国助残日”、五一国际劳动节、青春与责任等内容设计主题班会。

六月：拼搏月

【品格花】

荷花

【花语】

迎骄阳不惧，出淤泥不染，不惧磨难，追求理想。

【月主题活动】

六月是一个学年的结束，围绕认真复习，备战中考、期末考试等主题设计活动，体现学校拼搏精神的文化引领。

【周主题班会】

第一周：“为中考冲刺，让理想发光”主题班会（九年级）、“期末总复习”主题班会（七年级、八年级）。

第二周：“认识自我、树立自信”主题班会。

第三周：“学年复习计划与时间管理”主题班会。

第四周：围绕期末考试动员开展“诚信考试”主题班会。

【自选主题班会】

还可以结合“世界环境日”、父亲节开展主题班会或围绕毕业季开展“毕业季，追忆我们的故事”主题班会。

七月：诚信月

【品格花】

桔梗花

【花语】

抱朴守真，诚实守信，胸怀宽广，敢于担当。

【月主题活动】

利用暑假时间，参加夏令营及各种丰富多彩的社会实践活动。

【周主题班会】

第一周："期末总结及暑假安全教育"主题班会。

第二周："我的暑期规划"主题班会。

暑期活动 1："我的暑期阅读计划"主题实践活动。

暑期活动 2："小脚丈量大世界"暑期夏令营研学实践活动。

【自选主题活动】

还可以开展"暑期加油站"主题实践活动，即利用暑假进行文化课查漏补缺活动和特长课的发展学习。

八月：实践月

【品格花】

桂花

【花语】

朴实无华，香满天下，脚踏实地，启智求真。

【月主题活动】

利用暑假时间，参加丰富多彩的实践活动。

【暑假主题活动】

暑期活动 1："青春在奉献中闪光"志愿者实践活动。

暑期活动 2："读万卷书，行万里路"暑期游学研学实践活动。

暑期活动 3：学习琴棋书画和体育运动项目，培养特长，落实全面发展暑期行动规划。

第四周："军训第一课"主题班会（七年级）、暑期社会实践调查（八年级、九年级）。

【自选主题活动】

还可以通过游览祖国的名山大川和名胜古迹，撰写暑期社会实践调查报告和小论文；或利用暑期到老家看望长辈，观察、比较农村和城市的不同等，开展丰富多彩的暑期社会实践活动。

九月：目标月

【品格花】

美人蕉

【花语】

目标明确，意志坚强，志存高远，崇尚美好。

【月主题活动】

九月是一个新学年的开始，围绕新学年、新目标设计主题活动，学校开展一年一度的“迎国庆、颂祖国”歌咏比赛。

【周主题班会】

第一周：“我的中学生活”主题班会（七年级）、“新学期，新目标”主题班会（八年级）、“我的中考梦”主题班会（九年级）。

第二周：“感恩老师，庆祝教师节”主题班会。

第三周：“纪念九一八，勿忘国耻，振兴中华”主题班会。

第四周：“我们的班级我的家”主题班会。

【自选主题班会】

还可以围绕新学期、新目标或者结合《开学第一课》设计主题班会。对起始年级来说，要围绕如何建立新班级、如何制定班级公约等开展主题班会。

十月：爱国月

【品格花】

一串红

【花语】

奔放高雅，赤红热烈，修齐治平，家国情怀。

【月主题活动】

十月是爱国主义教育月，结合国庆节和“校园读书节”开展以爱国主义为主题的系列活动，增强学生民族自豪感和爱国主义情怀。

【周主题班会】

第一周：“我爱我的祖国”主题班会，结合国庆节开展活动。

第二周：“团团圆圆过中秋”主题班会，了解中国传统的节日文化。

第三周：“我的班规我遵守”主题班会，围绕班风建设开展活动。

第四周：“经典照亮人生”主题班会，围绕“世界读书日”开展活动。

【自选主题班会】

还可以结合秋天与收获、好习惯养成、“班规班风”等主题设计班会活动。

十一月：安全月

【品格花】

月季花

【花语】

姿态优美，四季常开，友善关爱，心系安全。

【月主题活动】

开展安全应急疏散演练和安全知识培训，使学生树立珍爱生命的观念，学会自救的本领。学校举行一年一度的“外语文化艺术节”活动。

【周主题班会】

第一周：“安全知识培训”主题班会。

第二周：“珍爱生命，学会自救”主题班会。

第三周：“学会自我管理，增强自治能力”主题班会。

第四周：结合学校“外语文化艺术节”开展“中外文化差异比较”主题班会。

【自选主题班会】

还可以围绕“全国消防安全教育日”和“世界糖尿病日”等开展安全与健康主题班会。

十二月：法治月

【品格花】

蜡梅花

【花语】

百花之先，凌寒绽放，钢铁筋骨，春之情怀。

【月主题活动】

每年十二月是我国的法制宣传月，以“大力弘扬法制精神，共建伟大中国梦”为主题开展系列活动。学校举行一年一度的“迎新年社团文化艺术节”。

【周主题班会】

第一周：“学法、知法、守法”主题班会，结合十二年四月“全国法制宣传日”与全面依法治国方针开展活动。

第二周：“学会宽容、学会交往、和谐相处”主题班会，体现社会主义核心价值观中友善的理念。

第三周：“面对成功与失败”主题班会。

第四周：“迎新年社团文化艺术节”主题班会。

【自选主题班会】

还可以围绕期末总复习话题设计主题班会。

3. 高中德育 12 个品格月目标体系（模块）

一月：理想月

【品格花】

迎春花

【花语】

带雪冲寒，召唤春天，象征理想，寄寓希望。

【月主题活动】

围绕“新年伊始，新的梦想，新的目标，新的希望，新的征程”开展活动。盘点过去一年，展望新的一年，确定更高的学习目标。

【周主题班会】

第一周：“盘点与展望”主题班会。给自己过去的一年列一份年度大事记，盘点过去，制订新一年的学习目标和计划。

第二周：“学会学习”主题班会。围绕如何做一名优秀的学习者开展主题班会。

第三周：“期末考试总动员”主题班会。

第四周：“规划寒假，让时间增值”主题班会。

【自选班会主题】

还可以结合班级情况、期末考试，开展诚信考试教育主题班会或借助各高校放假的机会，邀请本校往届优秀毕业生进班做学习方法指导交流等。

二月：亲情月

【品格花】

紫罗兰

【花语】

赏心悦目，沁人心脾，人伦亲情，孝慈高尚。

【月主题活动】

春节是中国人心中最隆重的节日，利用寒假开展丰富多彩的主题实践活动，让学生体味浓浓亲情，感受传统文化。

【周主题活动】

活动 1：感受“过大年”传统文化主题实践活动。（1）收集、分类整理春联，学习春联文化。（2）了解春节的习俗文化。

活动 2：体会亲情，传承优良家风主题实践活动。（1）了解家谱，续写家族的六世谱系表。（2）为家族成员中对你影响最大的人写一篇人物传记。（3）围绕自己的家风，写自己的成长故事。（4）分担家务劳动，体会家庭责任。（5）动手制作新年贺卡或特色新年礼物送给长辈，以示孝心。

活动 3：寒假社会实践主题活动。（1）参加社区公益活动。（2）参加冬令营，参观科技馆和博物馆等。（3）围绕环保、交通秩序、社会公德等做社会实践调查，写出调查报告。

【自选活动主题】

还可以围绕过春节开展活动，如“吃在中国，看在中国”等；围绕二十四节气开展学习传统文化活动；围绕“我的压岁钱”开展活动，指导学生树立正确的金钱观，学会理财。

三月：文明月

【品格花】

白玉兰

【花语】

洁白如玉，朵朵向上，高雅美丽，纯真善良。

【月主题活动】

围绕精神文明伴我行、说文明话、做文明人、传承优秀传统文化开展活动。学校举办一年一度的“校园故事节”。

【周主题班会】

第一周：“永远的雷锋”主题班会，学习和发扬雷锋精神。

第二周：“高三百日誓师”主题班会（高三）、“一年之计在于春”主题班会（高一、高二），围绕勤奋、惜时话题开展主题活动。

第三周：“文明中国，我在行动”主题班会。培养学生的文明意识和主人翁意识。

第四周：“河洛故事人人讲”主题班会。围绕优秀的地方文化，培养学生传承优秀传统文化和爱家乡的情怀。

【自选班会主题】

还可以围绕“文明洛阳，我是形象大使”设计主题班会，或围绕植树节和文明话题设计主题班会。高三还可以以“成人仪式”设计主题活动，培养学生的责任意识和担当意识。

四月：环保月

【品格花】

牡丹花

【花语】

根在河洛，国色天香，品格高尚，富贵吉祥。

【月主题活动】

贯彻五大发展理念，树立健康环保意识，传承优秀传统文化，举办“校园牡丹文化艺术节”。

【周主题班会】

第一周：“我们只有一个地球”主题班会。

第二周：“校园牡丹文化艺术节”主题班会。

第三周：“体育精神，滋养人生”或“运动与生命”主题班会。

第四周：“青春做伴好读书”主题班会，结合“世界读书日”开展。

【自选班会主题】

还可以结合清明节开展主题班会，或围绕期中考试开展主题班会。

五月：科技月

【品格花】

幸运草

【花语】

生生不息，见证奇迹，创新科技，不竭动力。

【月主题活动】

围绕“校园科技节”和六大主题实践活动，培养学生科学创新的品质和精神。

【周主题班会】

第一周：“我们是青年”主题班会，围绕五四青年节开展。

第二周：“感恩母亲”主题班会，围绕母亲节开展。

第三周：“追寻科技之光”主题班会，围绕“校园科技节”开展。

第四周：“拒绝不良嗜好”主题班会，围绕“世界无烟日”开展，体现自律作风教育。

【自选班会主题】

还可以围绕“全国助残日”和五一国际劳动节开展主题班会。临近高考，高三年级可开展心理调适班会，以青春与责任等内容设计班会活动。

六月：拼搏月

【品格花】

荷花

【花语】

迎骄阳不惧，出淤泥不染，不惧磨难，追求理想。

【月主题活动】

六月是一个学年的结束，围绕认真复习、备战高考、期末考试等主题设计活动，体现学校拼搏精神的文化引领。

【周主题班会】

第一周：“高考壮行”主题班会，高一、高二学生感悟高考，为高三学生送祝福。

第二周：“期末总复习”主题班会（高一、高二）。

第三周：“认识自我、树立自信”主题班会，体现学校自省学风文化教育。

第四周：“学年复习计划与时间管理”主题班会。

【自选班会主题】

还可以结合“世界环境日”、父亲节等设计主题班会，或围绕毕业季开展“毕业季，追忆我们的故事”主题班会；也可以结合六月高考话题开展“高考向我们走来”主题班会。

七月：诚信月

【品格花】

桔梗花

【花语】

抱朴守真，诚实守信，胸怀宽广，敢于担当。

【月主题活动】

利用暑假时间，参加夏令营及各种丰富多彩的社会实践活动。

【周主题班会】

第一周 ：“明礼诚信，诚信考试”主题班会。

第二周 ：“我的暑期规划”主题班会。

活动 1：“我的暑期阅读规划”主题实践活动。

活动 2：“小脚丈量大世界”暑期夏令营研学实践活动。

【自选班会主题】

还可以开展“暑期加油站”主题实践活动，即利用暑假进行文化课的查漏补缺活动，或者利用暑期到老家看望长辈，观察、体验农村和城市的不同特点等实践活动。

八月：实践月

【品格花】

桂花

【花语】

朴实无华，香满天下，脚踏实地，启智求真。

【月主题活动】

利用暑假时间，参加丰富多彩的实践活动。

【周主题班会】

暑期活动 1：“青春在奉献中闪光”志愿者实践活动。

暑期活动 2：“读万卷书，行万里路”暑期游学研学实践活动。

暑期活动 3：“全面发展，培养特长”暑期行动规划。

第四周：“高中军训第一课”主题班会（高一）、“起航新的学年”人生规划主题班会（高二、高三）。

【自选班会主题】

利用暑期游览祖国的名山大川和名胜古迹，撰写暑期游记、社会实践调查报告和小论文。

九月：目标月

【品格花】

美人蕉

【花语】

目标明确，意志坚强，志存高远，崇尚美好。

【月主题活动】

九月是一个新学年的开始，围绕新学年、新目标设计主题活动；学校开展一年一度的"迎国庆、颂祖国"歌咏比赛。

【周主题班会】

第一周："我的高中我的梦"主题班会（高一）、"新学期，新目标"主题班会（高二）、"我的大学梦"主题班会（高三）。

第二周："感恩老师，庆祝教师节"主题班会。

第三周："纪念九一八，勿忘国耻，振兴中华"主题班会。

第四周："我的班级我的家"主题班会。

【自选班会主题】

还可以围绕暑假收获开展交流活动，或者是结合"开学第一课"等主题开展班会。

十月：爱国月

【品格花】

一串红

【花语】

奔放高雅，赤红热烈，修齐治平，家国情怀。

【月主题活动】

十月是爱国主义教育月，结合国庆节和“校园读书节”开展以爱国主义为主题的系列活动，增强学生民族自豪感和强烈的爱国主义情怀。

【周主题班会】

第一周：“我爱我的祖国”主题班会，结合迎国庆开展。

第二周：“团团圆圆过中秋”主题班会，了解中国传统的节日文化。

第三周：“我的班规我遵守”主题班会，围绕班风建设开展。

第四周：“经典照亮人生”主题班会，围绕“世界读书日”开展。

【自选班会主题】

还可以结合秋天与收获、好习惯养成、“班规班风”等主题设计班会活动。

十一月：安全月

【品格花】

月季花

【花语】

姿态优美，四季常开，友善关爱，心系安全。

【月主题活动】

开展安全应急疏散演练和安全知识培训，使学生树立珍爱生命的观念，学会自救的本领。学校举行一年一度的“外语文化艺术节”活动。

【周主题班会】

第一周：“安全知识培训”主题班会活动。

第二周：“珍爱生命，学会自救”主题班会。

第三周：“自我管理与学业规划”主题班会。

第四周：结合学校“外语文化艺术节”开展“中外文化差异比较”主题班会。

【自选班会主题】

还可以结合女子高中“3G+N”特色课程体系开展主题班会。

十二月：法治月

【品格花】

蜡梅花

【花语】

百花之先，凌寒绽放，钢铁筋骨，春之情怀。

【月主题活动】

每年十二月是我国的法制宣传月，围绕大力弘扬法制精神开展系列活动。学校举行一年一度的“迎新年社团文化艺术节”。

【周主题班会】

第一周：“学法、知法、守法”主题班会。结合十二月四日“全国法制宣传日”与全面依法治国方针开展活动。

第二周：“学会宽容、学会交往、和谐相处”主题班会，体现社会主义核心价值观中“友善”的理念。

第三周：“面对成功与失败”主题班会。

第四周：“迎新年社团文化艺术节”主题班会。

【自选班会主题】

高二可以围绕“学业水平测试”，高一、高三可以围绕期末复习话题等设计主题班会。

记者观察

12 个品格月让德育目标落地生根

正月十六日，是洛阳华洋国际学校开学的日子。小学部 1103 班的张迪和妈妈一起，手里提着她们在寒假里精心制作的红灯笼，喜气洋洋地走进了校门。寒假制作灯笼是学校布置的一项“亲情互动”实践活动。在开学的第一周里，学校举办了第二届灯笼节，小学部所有学生制作的灯笼都集中展示，并评选出“造型奖”“创意奖”“环保奖”等不同的奖项。

张迪说，她和妈妈到学校一看，都震惊了：“原来只看自己制作的灯笼，怎么看都觉得漂亮，但一比较其他同学做的，就觉得自己的太普通了。”在最终的评选中，张迪和妈妈做的灯笼没有获奖，但她并没有很失落：“我们亲手制作灯笼、写灯谜的过程就很有意思，明年灯笼节我们一定会做得更好！”

12 个品格月，让德育体系化

“亲情互动”制作灯笼是洛阳华洋国际学校每年 2 月“亲情月”的一项春节主题实践活动之一。

从 2013 年开始，学校将德育的 12 个目标分布在每年的 12 个月中，并以每月盛开的鲜花为代表，以“花语”引领当月品格的内涵。校长裴素青谈到这样设计的目的：学校提倡“三成”教育，即成人、成才、成功。其中，成人是前提，学生首先要学会做人，然后才是学习。“在学生品格的形成和发展中，知、情、意、行等要素各有不可代替的作用。其中，知是基础，行是关键。12 个品格月德育体系，就是通过系统的主题教育，让知、情、意、行和谐统一，让学生有道德体验。”

据小学部张华校长介绍，在设计每个月的德育主题时，学校结合季节、传统节日、时令，以及学校学期工作的阶段性等，确定每个月的内容。中学部、小学部因学生的年龄特点，每月的主题有相似的地方，也会有所区别。

比如，刚刚过去的 2 月，是 12 个品格月中的“亲情月”，因为这个月中有春节。中学部在寒假里为学生布置了三项“亲情月”实践活动：收集春联，写春联；社会调查“三代人童年的春节记忆”；“学家谱、制家谱”，为家族中最敬仰的人写传记。小学部则设计了“亲手制作贺年卡送长辈”“孝敬长辈，为父母长辈做一件感恩的事”“与父母一起制作大红灯笼，写灯谜”等活动。

在 3 月中，有“学雷锋日”，有植树节，有“世界水日”。综合这些因素，中学部把 3 月定为“环保月”，通过一个月的主题活动，培养学生的环保意识。

主题班会，让 12 种品格落地生根

为让 12 种品格在学生的生命中落地生根，学校在每月一活动的基础上，又系统设计了每周一节的主题班会。

记者在中学部和小学部的教学楼一楼都可以看到，学校将 12 个品格月活动用 12 个展板挂在了大厅最显眼的位置，每个月下都有月主题活动，还有每周班会的主题内容。中学部三月“环保月”下的周主题班会有以下内容：“第一周：续写雷锋日记主题班会——帮助别人，快乐自己（学雷锋月）；第二周：绿化环保主题班会——绿化家园，保护地球（植树节）；第三周：让校园变得更美丽主题班会——弯弯腰，捡起一片垃圾；第四周：节约用水、人人有责主题班会——节约用水，从我做起（世界水日）。”

有了这样的班会“台历”，每位班主任就可以提前知道本月的活动和班会内容。在班会主题确定的“规定动作”下，每个班主任可以根据本班的情况做一些“自选动作”。植树节马上就要到了，初中部 1407 班班主任梁永强在提前设计着“绿化家园，保护地球”的主题班会。因为他带的班是八年级

（7）班，他计划植树节和学生一起在校园里种 7 棵树，排成北斗七星的造型。“这样的活动能培养班级的凝聚力、归属感，同时也能培养学生的环保意识。让学生种一次树，以后他们就不会再去破坏别人种的树了。”

中学部贾爱珍校长说，班会课很容易流于形式，随意性强，现在系统化之后，每个班主任都有了抓手和德育的载体，也便于个人和学校经验的积累。现在，学校正在收集、编印主题班会的教案集，按照 12 个品格月的体系，每个年级每节班会课都推出一个好的班会设计。

多元评价，营造一种德育环境

针对“一月一活动，一周一主题”的德育体系，学校设计了一套相应的多元评价制度。

针对于班级的评价，学校出台了“五星级文明班级”评比制度。主要针对的是班级的常规管理，考核结果与班主任的考评挂钩。“这种评比，最重要的不是班主任能获得什么，而是能增加班集体的荣誉感和凝聚力。学校每周评比一次，学生都期待着流动红旗能挂到自己的班门口，所以每次活动学生都尽力表现得最好。”小学部 1103 班班主任梁丽娜说。

针对学生的评价，学校每学期都要评选“十佳百星”。有“文明之星”“学习之星”“诚信之星”等 10 个奖项，每个奖项评选 10 名同学。在盛大的颁奖活动中，在全校师生的掌声中，获奖同学接过证书和奖学金。另外，学校还设置了“五育（德、智、体、美、劳）成长银行”，对于表现好的同学，学校发放“成长币”，可以到学校的“五育成长银行”兑换学习用品。

学校还通过各种展示、体验，更多元地评价学生的德育成果。比如，学校设置了校园六大文化艺术节，开展了六大主题社会实践活动，这些既是一种展示，同时也是一种德育的载体和评价的方式。

长期、扎实的德育实践，营造出了良好的德育环境。建校 4 年来，学校没有出现过一起大同学欺负小同学的事情。相反，经常出现大手拉小手、大同学帮助小同学的事。还有一件事情在洛阳市传为美谈：2014 年暑假，初中部 1308 班的张成杰同学在路上捡到一个钱包，钱包内有近万元现金、银行卡和各种证件。张成杰捡到钱包之后在原地等待，最终原物奉还，没留下自己的姓名就离开了。失主备受感动，经过多日寻找，终于在开学后找到了洛阳华洋国际学校，找到了这位好少年，并给张成杰送了锦旗。学校也以此事件为主题确立当周班会主题——“拾金不昧传递社会正能量，华洋学子展现社会好风尚”。这件事引起多家媒体的关注，洛阳电视台、《洛阳日报》等都进行了跟踪报道。

德育体系化的成果让学校获得了“洛阳市德育特色化学校”“洛阳市智慧教育示范校”等荣誉。2015 年 11 月，在洛阳市义务教育工作会议上，学校荣获 2015 年度“教育教学目标管理先进学校”和“洛阳市全面特色学校”。（全市获此荣誉的共 9 所学校，华洋国际学校是唯一一所民办学校）

裴素青校长说，12 个品格月德育体系的最终目的，是要将德育的目标系统化、常规化、制度化，外显于形、内化于心，营造一种德育环境，正所谓“蓬生麻中，不扶而直”。

（2016 年 3 月 9 日《教育时报》　记者杨雷）

第四章

系列主题班会是班级德育目标落地的载体

一、系列主题班会使班级德育目标落地

主题班会是围绕一个教育主题或针对班级存在的某一个问题，由班主任主导并组织全体学生共同参与的班级教育活动。主题班会是班主任对学生进行思想品德教育或学生自我教育的一种重要形式，通过从学生的思想品德、学习纪律等方面入手设置主题，以交流、辩论、体验、讨论等形式开展主题活动，正确引领班级思想，形成良好的班级成长氛围，培养学生正确的人生观和价值观。

1. 主题班会现状分析

主题班会是班级德育的重要形式和载体，然而，由于个别学校缺乏对主题班会的系统目标设置和管理评价机制，加之一些班主任对此项工作不够重视，抑或是班主任自身对主题班会的设计能力、驾驭能力不足等，使得主题班会乱象百出。常见误区概括有如下几种：

（1）被挤占式班会

受应试教育大环境的冲击，学校、班主任、学生和家长都默认一种状态，那就是班会课可以补习文化课。有些班主任把班会课拿来上自己的习题课，有的用来做学校布置的班级任务，有些直接拿来考试，有些就干脆让学生自习……班会课被忽视或者轻视的现象屡见不鲜，但长此以往会对学生的品德教育、人格培养造成极大的影响。

（2）形式化班会

学校有时为了应付上级的检查，要求班主任必须开展某一主题的班会，有些班主任并不认真组织，只是为了应付学校的规定任务，弄一张班会表格填写交上来应付一下算完事，甚至极个别班主任和班干部联合起来一起作弊，为的是不扣班集体的考核分数，这对于学生树立正确的价值观有着很大的误导。由于个别学校和班主任的不重视，主题班会表面化、形式化倾向比较严重，直接造成班级德育目标长期落实不到位。

（3）格式化班会

一些学校和班主任会利用班会时间，布置传达学校的一周工作安排，把学校的要求和任务分配下去；再把上周班级出现的问题讲讲，简单地表扬或批评一下学生，或者自己再随意发表一番演讲，这次的班会就算开完了。这种格式化班会形式呆板、单调，过程缺乏精心安排和形式的设计，德育目标不清晰，无法调动学生的积极性，这样的班会哪怕每周都开，也将收效甚微。

（4）随意化的班会

主题班会的召开，班主任精心设置清晰的主题很重要，主题就是大家围绕一个中心议题，求同存异，最终达到思想认识上的一致性。有的学校、班级在学期开始没有将主题班会列入德育工作具体计划；有的班主任不会设计主题或主题混乱，一学期也开不了一节像样的主题班会。课表上虽然排的有班会，但是部分学校没有安排具体、系统的主题班会内容。班会开什么，怎么开，都是班主任自己掌握。班主任将琐细工作放入主题班会中，以自己为主体信马由缰，想到哪儿讲到哪儿，什么都讲，结果学生不知所云，等于什么都没说。针对性差，主题班会就无章可循，这样的主题班会，很难产生良好的教育作用。

（5）训斥式班会

这是一种比较普遍的班会形式，班主任将一段时间以来班级出现的问题通过班会的形式解决，主题班会开成了批评会、意见会。班主任整堂课都绷着脸，搞一言堂，说学生这不对那不对，要学生这怎么做那怎么做，学生整个处于被动挨训、被动接受的地位。

这样的班会，过于强调教师的主导作用而忽视学生的主体地位，忽视了学生参与的主体性，德育的效果自然就打了大大的折扣；这样的班会，缺乏良好的师生互动，不但很难起到教育的效果，甚至还会出现班主任和学生关系紧张等情况。

2. 主题班会设计的基本原则

主题班会的一般过程可以归纳为：第一是确定德育目标主题。根据学生的心理特点、班会的目标任务，选择适宜的主题。第二是组织实施。科学合理安排时间，考虑角色分工，准备媒体介质，协调各方面的力量。第三是总结提升。在班会的结尾，由老师和同学们共同总结班会感悟，进行主题的深化和提升，定向引领、反思和借鉴。总之，主题班会的设计要重点突出点明主题、展示主题和深化主题这三个环节；并更新观念，积极引导。切忌走过场，搞形式，应付了事。强化角色意识，让学生学会多角色实践，多角度思考，变换形式，激发兴趣，搞好跟踪教育。一节好的主题班会设计还应遵循以下基本原则：

（1）教育性原则

主题班会是落实班级德育目标的重要载体。主题班会的教育目标必须紧扣德育大纲中的相应年级要求，从学生发展实际出发，还应依据不同班情和结合时代发展特点，设计目标明确、观点正确、主题突出的系列主题班会，落实育人目标。例如，洛阳华洋国际学校的德育 12 个品格月，依据国家、学校和班级三级德育育人目标，设计了全年 48 个系列主题班会和 N 个自选主题班会，对学生三观（人生观、世界观、价值观）认知、情感分析、学习指导、传统文化、生命感悟、安全知识、心理健康、性知识、生涯规划等方面重点进行教育，通过系列主题班会实现了德育目标系统化、规范化、课程化的德育功能。

（2）针对性原则

主题班会有针对性地选择教育主题是关键。可以针对学校情况和班级情况、学生年龄段心理特点，针对学期教学时间段特点，了解学生普遍对什么感兴趣，知道学生动机、需要、情感等心理特征，针对学生真实的学习生活来确定主题。班会主题内容一定要贴近学生的生活、学习状况，不仅注意学生的年龄、生理、心理，而且还要特别注意着眼于解决学生学习生活中的实际问题。例如：面对学生交通安全问题，可以设计“交通安全我知道”主题班会，面对中学生中考、高考问题，可以设计学习方法指导、学习减压等有针对性的主题班会。班主任必须经常调查研究，掌握班情，适时掌握学生近期关注的热点是什么，选取具有代表性、启发性、对学生的思想情感和行为习惯起潜移默化作用的新颖题材，根据当前最需要解决的进行主题的筛选、提炼、策划、组织，激发学生兴趣，从而及时地对学生进行教育。

总而言之，班会主题的确立要做到贴近学生、贴近生活、贴近时代，能够引起学生共鸣，有利于引导学生成长。

（3）学生主体性原则

主题班会开展的各个环节都必须突出学生的主体位置，班主任起主导作用，是班会的整体设计者，是班会各个环节的协调、引领和把控者，当然也是参与者。班主任要充分相信学生，依靠学生，使学生成为主题班会的主人，一定要想办法调动全体学生的积极性，与学生积极互动，把主动权放手给学生，使学生的创造能力、组织能力、活动能力都能得到极大的发挥，这样，学生的自我要求、自我完善、自我进取的精神就会不断增强。只有这样，班会的主题德育目标才能引起学生心灵的共鸣，也才能起到好的教育效果。

（4）计划性、系统性原则

主题班会只有整体规划设计，有目标、系统性开展，才能起到教育的效果。以初中为例，初中三年开展主题班会应有系统的规划。七年级学生刚迈入初中，是习惯形成的关键时期，班会侧重点应是“如何做一个合格的中学生”，这时应该侧重开展主题为常规纪律教育、行为文明教育、班风学风教育、社会公德教育、学习方法探索的班会；八年级是初中生身心发育的关键时期，他们开始注重自我，比较叛逆，学习成绩和行为习惯上都有明显的两极分化现象出现，班主任应侧重开展主题为生理心理及学生素质教育、世界观和人生观培养、意志教育、正确处理男女同学关系、孝敬父母等的班会。九年级学生面临升学，班会的侧重点应是“如何做一名优秀的初中毕业生”，开展主题为励志成才、感恩学校、感恩父母、良性竞争、目标理想等的班会。

（5）创新性原则

主题班会要能够入眼、入心，就必须在设计上下功夫。主题班会设计要有新意，形式多样，构思巧妙，素材新颖，才能激发学生的兴趣，班主任要尽可能把枯燥的说教变成学生的亲身体验，增强班会的趣味性和艺术性。一节成功的主题班会要有精彩的编排和构思，各个环节都不可怠慢，从导入语、主持词、影像音频及图片资料、环境布置等，都要形成完整的文字班会教案，还要精心排练，创设良好的现场班会氛围，才能达到预设的效果和班会目标。

（6）实效性原则

主题班会是班主任班级管理的重要法宝，结合班情，有针对性地适时设计，召开主题班会，将班级管理目标、学生的德育目标等系统地植入每周一次的主题班会，一定会收到精彩的班级管理效果。班会不是表演，教育效果是检验班会成效的标准。主题班会不能搞形式主义，不能为了完成学校的任务而应付。班主任要克服畏难情绪、不怕麻烦，真抓实干、注重实效，主题班会一定会成为班级管理、班风建设、学生成长的重要载体，对学生起到春风化雨、润物细无声的感染和熏陶。

3. 主题班会的常见类型及特点

主题班会活动不拘形式，但一定要服从教育内容及教育目的，并尽可能为学生所乐于接受。那么，主题班会设计与组织是怎么服务于德育目标的呢？

从活动主题的类型上来看，可分为日常主题、阶段性主题、节日性主题和偶发性主题。主题班会的常见形式按照活动主题类型可分为：（1）体验式主题班会，这是最常见的一种类型，即围绕主题，设计情境让学生获得对主题的直观感知和身心体验，使学生对这个主题深入理解。（2）辩论式主题班会，即让学生就某一认识不清的问题，或发生于社会、学校中的事件展开讨论，达到明辨是非的目的。（3）报告式主题班会，即围绕某个教育主题，结合当前形势等内容，请专家名人作专题报告，针对学生关心的问题，引发他们的兴趣。（4）参观式主题班会，即运用社会丰富的资源力量，让学生现场参观、考察，从而对学生进行教育，这种形式现场感很强，教育效果突出。（5）社会实践式主题班会，即围绕主题设计活动，让学生走向社会参与实践，以获得直接的心灵体验。（6）知识竞赛式主题班会，即围绕主题设计知识竞答，让学生获得对主题深刻的理解和认识，以取得一定的教育效果。（7）纪念式主题班会，即抓住富有教育意义的节日、纪念日组织主题班会。如母亲节、教师节、中秋节等节日，根据学生心理需要，或联欢或座谈，让学生乐于参加，教育效果才会明显。（8）偶发性主题班会，即抓住偶发事件，召开主题班会，将问题转化成探讨的话题并予以解决。例如，学生有乱丢纸屑的习惯，而屡次教育都无效，就可以以此开展“建设班集体，从身边的小事做起”主题班会；有学生打架斗殴，则可开展“远离暴力，还学校一片净土”主题班会。所以，面对偶发事件，班主任要反应敏捷，果断决策，及时确定主题开展活动，从而收到较好的教育效果。而我校德育 12 个品格月活动中的自选班会主题活动就是结合上述主题给班主任提供一个高度自由、智慧管理班级的空间。

4. 主题班会的评价体系

一节主题班会的基本要求是：严密的序列性、鲜明的针对性、深刻的教育性、强烈的时代性、充分的自主性、深厚的趣味性、广泛的群众性、良好的实效性。一节主题班会的评价标准一般从以下五个方面来看。

（1）主题选择

要从学生成长的角度，从班级实际、学生实际出发，要符合本年龄段学生年龄和心理特点。

（2）教育目标

德育目标主题设置要明确、清晰、全面。将认知目标、情感目标、行为目标的三维目标，逐步落实到学生的行为上，使学生经历由感知—体验—内化—践行的德育过程。

（3）主题内容

要把班会的思想性、知识性、教育性、趣味性统一起来，融为一体，内容合乎教育目标要求。内容翔实，事实材料典型，生动有趣新颖；内容紧扣重点，以点带面，切忌目标过多，内容过多，活动过多，追求大而全；具有科学性，紧扣学生生活，符合班集体的建设和学生个体发展。主题班会素材要新颖，与时俱进，班主任借助QQ、微信、博客、网站、电视等平台搜集适时新鲜的素材，按照文章、图片、音频、视频分类建立素材库，通过巧妙设计，将一首歌、一段视频、一个故事、一串数字、一个活动巧妙地融进主题班会中，使学生进行哲理思考，活动体验，情感碰撞，从而达到润物无声的德育效果。

（4）班会过程

活动形式尽可能多样，如演唱、展示、竞赛、演讲、朗诵、游戏、讲故事、辩论、小品、话剧等，可以激发学生参与的兴趣，避免单纯的说教。课堂需要一定的把控性，活而不乱，还要将思想引向正确的方向，控制情绪，控制时间，宏观把握，当学生走太远时班主任要及时刹车。全过程都要紧扣目标、激发学生兴趣，突出重点，时间安排紧凑、科学合理。

过程中需要对学生主体和班主任作用进行评价。学生的主体评价：是被动介入还是主动参与？能否完成任务并乐在其中？能否达到观念认同和情感共鸣。班主任的作用评价：能否充分体现教师的指导作用（包括显性指导和隐性指导）？引导、点评是否适时、恰当、精准？能否妥善处理活动中生成的问题？教师在主题班会设计中应具备大量素材的搜集和积累能力，对具体主题的分析和综合能力，对整个过程的动态掌控能力。

（5）班会效果

从一节班会目标的达成度、发展性、学生内心的转变情况来看，学生参与度高，充分发挥学生的自主性，积极参与，并做较深入的自我探索，能充分表达自己的感受，情感体验深刻；气氛融洽度高，团体互动良好，团体气氛融洽；目标达成度高，达到了预期的目标；活动主题目标实现好，学生兴趣浓厚，有发现，有收获。学生参与班级活动的能力得到发展，班集体得到发展。

有人说："鸡蛋从外面打开是食品，从里面打开是生命。"多年的教育实践使我们认识到，主题班会就是把学生德育教育存在的问题从学生的内心深处打开。主题班会是实现班级教育目标，培养学生集体荣誉感、责任感以及创新精神的重要手段，是形成班集体凝聚力的最佳途径之一；系列主题班会是班级德育目标落地的重要载体，需要有计划、有目标、系统化、持之以恒、循序渐进地开展；把握住主题班会这个好的教育手段，我们的班级管理工作一定能收到事半功倍的效果，也一定能让学生从班会的教育中去享受阳光和成长！

二、12 个品格月观照下的主题班会示例

主题班会是一个巨大的“能量场”，具有班级教育功能、凝聚功能、导向功能、激励功能、规范功能和感染功能。主题班会能发挥班集体的智慧和力量，全面了解产生的正向“从众”效应，让每一个同学在集体活动的氛围中受到教育、感染和熏陶，从而提高认识；主题班会对学生良好品德的形成和班级精神文化的建设都有着不可低估的作用，一节好的主题班会恰是一种“细雨湿衣看不见，鲜花落地听无声”的德育形式。好的主题班会，能触及学生的灵魂，在他们成长需要的时候注入营养，在他们精神饥渴的时候得到甘露，因而会给学生留下深刻的记忆，乃至终生不忘。

主题班会的开展不能忽冷忽热，只有将主题班会实现课程化、体系化，才能收到良好的德育效果。在这方面，洛阳华洋国际学校做了很好的尝试，通过“12 个品格月德育目标体系”的构建，将全年德育目标按照一年 12 个月来设计，全年共设计了 12 个德育月主题活动和 48 个班会主题活动，实现了班级德育目标的体系化和课程化，以 12 个品格月为体系，以每周 1 次的主题班会为载体，将班级德育目标落到了实处，收到了很好的育人效果。

下面与大家分享 12 篇在 12 个品格月观照下的主题班会精彩示例，这些案例分别选自小学、初中和高中的部分班会实例。

一月 理想月："盘点与展望"主题班会

【班会背景】

一月是个特殊的月份，辞旧迎新，盘点过去，展望未来。人生也需要这样的一些时刻，驻足停留，静心思考，反思和规划。

特殊的时刻，潜藏着教育的契机。

对于班级来说，每学期的开学是计划，是展望，每学期的期末是总结，是盘点，这也是很好的教育时机。但又总会展望是展望，总结是总结，总结和展望之间隔着一段距离，展望的结果要延迟，总结和新的行动之间也没有什么联系。实际上，总结包含反思、整理，它本身也是一个很好的教育资源，可以为学生新的行动提供动力、提醒及理性的指导。

利用一月这个时间点，我们设计了这样一个班会，希望能在对过去盘点的基础上开始新一年的规划。

时间首尾相连，思考也绵绵不绝。

【班会目的】

1. 通过对过去一年中班级大事的盘点，增强学生的班级集体荣誉感。

2. 通过对过去一年中自己的年度大事的盘点，引导学生学会反思。

3. 通过对新的一年目标的制定，引导学生学会规划，不断挑战自我。

【适用年级】

高二年级

【班会准备】

1. 搜集相关的年度大事及年度热词。

2. 准备相关音乐和视频。

3. 和部分已经毕业的学生进行联系。

4. 准备几个闹钟。

【班会过程】

导入：请各位同学安静下来，闭上眼睛，倾听一种声音。

（钟表置于讲台。教室里非常安静，只有钟表嘀嗒的声音。老师的声音缓缓响起）

是的，我们听到的是时间的脚步声。嘀嗒，一秒钟的时间过去了；嘀嗒，一分钟消失了；嘀嗒，一天过去了；嘀嗒，嘀嗒，嘀嗒，2017 年过去了。

站在一月这样一个特殊的时间段上，遥望新年的太阳从地平线升起，让我们一起回望我们周边的人和事。

环节 1：竞答——感受时光的痕迹

设计说明：通过对年度流行语、新词语、网络用语的竞答，感受过去的一年发生的大事，为列举班级年度大事和个人年度大事做准备。也可以用年度大事作为竞答题，从大的层面逐渐聚焦到个人。

备用材料：2017 年度十大流行语、2017 年度十大新词语、2017 年度十大网络用语。

环节 2：说说我们班级的年度大事（以小组为单位讨论，并投票）

投票结果如下：

1. 一月：规划寒假。
2. 二月：开学，班级分享。
3. 三月：开始班级每日一题讲坛，一年来，除了节假日，从未间断。
4. 四月：举行班级读书论坛。
5. 五月：在学校的青年节合唱比赛中获得一等奖。
6. 六月：文理分科，离别与班级重组。
7. 七月：暑期研学。
8. 八月：假期弯道超越活动。
9. 九月：“梦之队”行动（家长、老师和我们在一起）。
10. 十月：学校运动会。
11. 十一月：与兄弟学校实验班共同生活学习一周。

12．十二月：备战学业水平考试。

环节 3：说说我自己的年度大事

学生自由发言（列出大事，并简要阐明理由，由班级到个人）。

小结：尼采说，每一个不曾起舞的日子，都是对生命的辜负。过去的一年，我们不曾辜负时光，时光也不曾辜负我们，让我们为自己过去的一年喝彩。

环节 4：回顾与展望之间的过渡环节

诗朗诵：王蒙《青春万岁》。

环节 5：他们的新年梦想和挑战

（用他人的新年挑战给学生树立新年计划的榜样。选取的两个人物，一个是名人，一个是和他们距离很近的学长。两个人物的事迹从不同角度启发学生思考）

当新一轮的太阳升起的时候，一同升起的，还有我们新年的梦想。大家的新年梦想是什么呢？我这里先给同学们介绍两个人。

第一个人物，是扎克伯格。

扎克伯格，知名社交网站 Facebook 的创始人、董事长兼首席执行官，世界富豪。这个名字对于我们大家来说都不陌生，我们一起来看一看，这位成功人士在新年伊始做了些什么呢？

新年挑战，事实上，这不是他的第一次挑战，到 2018 年，他的年度挑战已经走过了 10 年。我们一起看看他的年度挑战。

2009 年，每天打领带上班；2010 年，学习中文；2011 年，只吃自己亲手屠宰的动物；2012 年，每天写代码；2013 年，每天要跟 Facebook 以外的人见面；2014 年，每天写一封感谢信；2015 年，每个月读两本书；2016 年，全年跑步 587 公里；2017 年，走遍并拜访美国的每一个州；2018 年，修复 Facebook 的重要问题。

我要给大家介绍的第二个人物，是你们的学长，2014 年从我们学校毕业。

他在高中期间，也有自己的年度挑战：

2011 年，每天坚持经典诵读 10 分钟；2012 年，每天坚持记日记 100 字；

2013 年，每天 10 个英语单词；2014 年，他高中毕业考入大连理工大学；2017 年保研到北京大学；大学本科期间，发动早读行动，是经典阅读社社长，实验室实验时间创下纪录。

讨论：大家看了他们的新年挑战有什么感想？

设计说明：从名人到身边的学长，增加学生的亲切感，为后面自己制订年度挑战做铺垫。

环节 6：我的年度挑战

无论是名人还是我们身边的学长，我们都可以看到，他们的年度目标、年度挑战，是在公开表达一种自我的态度，是在体验不同的生活，也是在走出舒适区。新的一年，我们有什么样的计划呢？

请大家认真思考，并把我们的年度挑战张贴到我们的班级宣传栏中，在大家的注视下来挑战我们自己，让我们新的一年有新的风景。

这个环节中突出两点：一是指导学生的目标要有挑战性、可操作性；二是让学生勇于把自己的目标亮出来，便于同学之间互相督促，发挥班集体的带动作用。

【班会总结】

树用年轮记录时光，我们用挑战迎接未来。我们希望生命的每一个日子是充实的，可以回望的，值得回望的；将来的日子，是能够展望的。

还是那个老问题，人的一生应该怎样度过呢？奥斯特洛夫斯基的回答是：当回首往事的时候，他不会因虚度年华而悔恨，也不会因碌碌无为而羞耻。我们的回答是什么呢？过好每一天，过好每一年，也就过好了这一生。

今天，在这个特殊的日子，我们回忆了过去的一年。我希望，明年的这个日子，我们能够幸福地回忆这一年的日子，若干年后，我们能无悔地回忆高中三年的日子。让我们用梦想照亮前路，用努力迎接明天。

【班会延伸】

班级年度挑战人物评选。

（洛阳市第一高级中学　韩秀清）

【专家点评】

生活需要仪式感，生活也需要行色匆匆的我们经常停下来想一想再往前行。我们经常说，好的开头是成功的一半。怎样开头呢？在哪里开头？看似简单的问题一样包含着教育的智慧。本节班会课亮点有二：一是教育的契机。同样的内容放在不同的时间，其效果是不一样的。二是活动的形式。回顾与展望是班会核心，但怎样把回顾与展望开到学生心里去，伏笔与铺垫非常重要。教育就是要给学生修一条这样的路，他们愉快地边走边想，既能够看到路边的景色，又能够饱览目的地的风景。

（河南省特级教师 裴素青）

二月 亲情月："创意灯笼，浓情新年"主题实践活动

【活动背景】

灯笼是我国传统文化的典型元素之一，也是喜庆吉祥的象征。为了让孩子们感受我国传统节日春节的喜庆氛围，提高孩子们的动手操作能力和综合知识的应用能力，华洋国际学校小学部在全校范围内开展"创意灯笼，浓情新年"亲子手工制作活动。

【活动目的】

1. 发挥孩子们的想象力和创新力，使学科知识在综合实践活动中得到延伸、综合、重组与提升。

2. 通过亲子手工制作活动，培养学生沟通合作能力，融洽亲情关系。

3. 使学生们在参与活动的过程中加深对传统节日的认知，更好地继承传统文化。

【适用年级】

小学各年级

【活动过程】

第一篇：亲子制作篇

德育 12 个品格月使我校的德育教育落地生根。二月是学校的亲情月，又适逢我国的传统节日——春节，节日期间，家家大红灯笼高高挂，团团圆圆过新年。灯笼是我国传统文化的一大象征，寓意吉祥、喜庆。每年的农历正月十五元宵节前后，人们都挂起象征团圆的红灯笼，来营造一种喜庆的节日氛围。春节正好又是学校的寒假，利用这个假期，让孩子们和家长一块儿动脑设计、动手操作，亲子共做红灯笼，以此来培养学生的动手能力和创造能力。

在期末最后一次班会课上，班主任老师布置寒假综合实践作业，让学生先通过网络学习，了解有关灯笼的历史，把自己对灯笼的了解讲给爸爸、妈妈听。例如小学部 1103 班马英凯同学了解的灯笼故事：中国的灯笼又称为灯彩，起源于 2000 多年前的西汉时期，经过历代灯彩艺人的继承和发展，形成了各式各样的品种和高超的工艺水平……唐开元年间，为了庆祝国泰民安，人们扎结花灯，象征“彩龙兆祥，民富国强”。

孩子们通过自己的想象，创新设计绘出自己想要制作灯笼的形状，例如，从造型上可以设计人物、山水、花鸟、龙凤、鱼虫等，还可以设计供人们赏玩的走马灯。灯笼形状确定以后就是选材料，大家可以利用废旧物品，不用的纸箱、空瓶子，还有毛线、木棍、废弃的玩具电源等材料来进行制作。班主任在寒假期间，以微信或其他通信形式督促家长和学生按时完成作品，同时将制作灯笼的方法和小技巧发至家长交流群里供大家参考。有的同学会把做好的灯笼提前发在群里晒一晒。华洋学生制作灯笼活动在寒假掀起小高潮，达到人人有创意，个个有作品。

第二篇：成果展示篇

农历正月十六，是洛阳华洋国际学校开学的日子。孩子们在家长的陪伴下手里提着她们在寒假精心制作的红灯笼，喜气洋洋地走进校门。寒假制作灯笼是学校布置的一项“亲情互动实践活动”。在每学年的第二学期开学第一周里，学校都要举办“灯笼节”，小学部所有学生制作的灯笼都集中展示，并评选出“造型奖”“创意奖”“环保奖”等不同的奖项。

1. 活动前准备：大队部对各班级制作灯笼的数量进行统计，班级选出参展的精品灯笼，贴上学校统一准备的灯谜，并且每个灯谜按照顺序进行编号，方便竞猜和兑奖。活动当天设立灯谜兑奖区域，并提前准备好兑奖的礼物。

2. 挂灯笼猜灯谜：“灯笼节”活动共有近千件作品展出，展出作品全部是同学们春节期间与家长一起制作的创意手工灯笼或唯美剪纸灯笼。灯笼上有灯谜、生肖、春联等，形式多样，精彩纷呈。孩子们排着队到自己的悬挂区域，高年级的学生在老师的帮助下，踩上凳子有序悬挂，低年级的小朋友帮助传递作品，忙得不亦乐乎。

初春的傍晚乍暖还寒，孩子们叽叽喳喳的说笑声，温暖了每个人的心田。五颜六色的霓虹灯，串联在大大小小、形态各异的灯笼之间，把校园装扮成了一片灯的海洋。观花灯、猜谜语，孩子们徜徉在校园中，沉浸在幸福里。

活动开始，孩子们欣赏着自己亲手制作的灯笼，不时发出惊呼：这是我做的灯笼！那是我做的灯笼！同学们三五成群，猜着灯谜，赏着灯笼，不断有同学扯下灯笼上的灯谜去兑换自己喜欢的奖品。

各式各样的灯笼，让同学们看得如醉如痴。最令大家骄傲的是，所有参展的灯笼都是小伙伴儿自己做的。当最后一抹晚霞在天际渐渐消失，点点灯光亮起，活动现场色彩斑斓、光彩夺目，引学子、教师、家长争相观看。热闹的场面，有趣的活动，精致美丽的各色灯笼，是这个初春的校园里最亮丽的风景，一盏盏同学们精心制作的灯笼在微凉的夜里发出温暖的光芒，让我们在欢喜之余领略到了传统文化的魅力。

【活动总结】

学校自创办以来，连续举行了五届“灯笼节”，这个活动也是我校文化建设的一个重要组成部分。小小灯笼看似简单，但是制作起来并不容易，从构思、设计、选材到制作完成是一个系统工程，是小学阶段多学科综合知识的应用和提升。在活动中，同学们亲手制作灯笼，积极参与猜灯谜，提高了实践创新能力和多学科知识的综合应用能力，激发了创作热情，在欢声笑语中感受中国传统文化魅力，同时也活跃了全校师生的课余文化生活，构筑了良好的育人环境，达到传承经典文化、展现学生活力风采的目的。

【活动延伸】

活动结束以后，班主任老师还要给学生布置有关灯笼节的知识拓展作业。

1. 通过学生代表投票，评审小组评定，选出“最佳创意灯笼”“最佳色彩搭配灯笼”“最具观赏性灯笼”等优秀代表作品，并为小作者颁发“收藏证书”。

2. 以班级为单位，组织学生写活动总结和观后感，并选择优秀的文章进行展示。

3. 搜集整理有关灯笼的典故创作剧本，以班级为单位在学校故事节时进行汇报演出。

（洛阳华洋国际学校小学部　亢建新）

第三篇：灯笼节部分学生优秀作品

灯笼节

瑞猴送福辞旧岁，金鸡报晓迎新春。年的热闹味道还没有散去，二月二十二日，又迎来了我们学校一年一度的灯笼节，这可是我最爱的活动了！

下午四点，我们在老师的带领下，一起来到了活动场地。去食堂的必经之路，已经变成了一条“灯笼路”，各式各样的灯笼悬挂在绳子上，五彩斑斓，煞是好看。在同学们的精巧设计下，一个个纸盒子、塑料瓶都展现了不一样的风采。一个色彩艳丽的灯笼吸引了我的注意力。它由竹篾编成，上面覆盖着彩色的薄纸，圆圆的脸上，用卷起来的卡纸做成了鼻子，最让人称奇的是它的眉毛，一个向上挑着，一个向下竖着，看起来特别的调皮有趣。我的灯笼呢？我一排排找着，生怕漏掉了一个角落。“啊！”我欢快地跳起来，它雄赳赳气昂昂地挂在绳子上，好像在说：“小主人，我是最漂亮的！”真让我骄傲极了！

徜徉在换上“新装”的校园，同学们个个神采飞扬，一洗平时的压力，大家都忘掉了烦恼，尽情地笑着、乐着。也许有的灯笼在大人的眼中并不十分美观，但是这是我们辛苦劳动的成果。夜幕降临，灯笼附近的彩灯亮起来了，在七彩光芒的映衬下，小小的灯笼更美了，我们的笑脸更美了……我出神地看着，这个微弱光芒仿佛组成了一个庞大的“光芒团队”，把校园照得灯火通明，美若仙境。通过这次活动，我们不仅收获了自己动手的快乐，更体会到了传统文化的魅力，感受到了老师们的良苦用心！

我爱灯笼节，我爱我的校园！

（洛阳华洋国际学校小学部1005班　马佳赫）

华洋灯笼节观后感

“有灯无月不娱人，有月无灯不算春。春到人间人似玉，灯烧月下月如银。”每当吟诵起这首《元宵》，我就对灯笼节和春天充满美好的向往。

还记得那是去年的春季开学季，同学们兴高采烈地返回校园，开始新学期的学习生活。学校门口的道路上早已是人潮涌动，车水马龙，远远望去就像一条生机勃勃的彩带，五颜六色的服装给我们的校园也带来了一道亮丽的风景线。

来到教室里，大家七嘴八舌地聊着自己的假期生活，有的去旅游，有的去游学，还有的在家努力学习……真是丰富多彩。不知是谁喊了一句：“看灯笼去喽，走喽！”同学们也都兴奋地喊着，争先恐后地跑出教室。

瞧，校园的两旁挂满了千姿百态、五颜六色的花灯，远远望去，就像两条蜿蜒曲折的巨龙将要腾空而起，又像两条造型独特的蛇盘旋而立。我们仿佛走进了灯的海洋、花的世界，“唯灯独尊”啊！穿过小桥流水，一盏盏五彩缤纷的灯笼映入了我的眼帘，那花花绿绿的脸谱、翩翩起舞的花蝴蝶、威武凶猛的老虎、温顺可爱的小白兔、机智调皮的小猴子……都给我留下了特别深刻的印象。

在这灯笼的海洋里，几个镶嵌着金光闪闪的大字“我的中国梦”的独特灯笼让同学们瞬间感到眼前一片金碧辉煌，心怀祖国，感恩祖国。好一个中国吉祥富强的大灯笼啊！

在惊叹和欢呼声中我们结束了今天的校园灯笼节游览，走进教室，我感慨万千，我们生活在这么幸福的一个新时代，我们一定要好好学习，铭记中国传统文化的教育内涵，在追求自己的梦想的同时，更要把祖国梦时刻放在自己的心中，继续前进。我为我是一名华洋学子而自豪，我为我是中国人而骄傲。

（洛阳华洋国际学校小学部1105班 马英凯）

【专家点评】

综合实践活动是提升中小学生综合素养的重要课程，是知识与能力的综合应用。如何在小学阶段开展综合实践课，洛阳华洋国际学校在这方面做了一个很好的尝试，给大家起到了引领示范作用。学校通过举办灯笼节这样的活动，让同学们动脑设计、动手制作，并写出观赏灯笼的感想，让孩子们在寓教于乐中了解、传承中华民族的优秀传统文化，培养了孩子们的创新、实践、写作等多种能力，通过亲子设计制作的过程还加深了亲情。灯笼节主题实践活动更突出了传承中华优秀传统文化的教育目的。

（河南省特级教师 张华）

三月 文明月："文明中国，我在行动"主题班会

【班会背景】

文明是社会主义核心价值观之一。对于每位社会公民来说，文明是我们一生都会涉及的话题。对于每位高中生来说，这个话题并不是第一次碰到，小学讲过，初中也讲过。高中有高中阶段思考的必要，高中生教育必须针对高中生的特点。

高中生在文明的践行中应该扮演什么样的角色？怎样让他们在原有的基础上更有深度的思考？这是本节班会设计的目的。

在本节班会课的设计中，我力图结合高中生走向独立、成熟、理性的特点和需要，对"文明"做深度的探讨。卢梭说："我相信只有有道德的公民才能向自己的祖国致以被接纳的敬礼。"

这是一节必备的公民素养课。

【班会目的】

1. 让学生了解不文明行为的危害。
2. 通过活动让学生思考在文明环境的营造中"我"的作用。
3. 通过文明行动的倡议强化学生的文明意识并做文明的实践者。

【适用年级】

高二年级

【班会准备】

1. 视频：《文明出游人人有责》。
2. 校园问卷：《你最讨厌的不文明行为》。

【班会过程】

第一步：营造氛围导入

"文明"是一个我们从小到大都在提的话题。我们今天之所以重提，是

因为它是一个和我们生活息息相关的话题。

清晨，当我们迎着第一缕和风奔向学校，干净的街道、红绿灯路口的等待，一路行来都是文明。当你身在学校，安静的教室、整洁的宿舍、有序的就餐，无不是文明。当我们在有序中倾听，在讨论中分享，在静思中升华，我们感受的是文明的力量。文明没有终点，文明永远在路上。

第二步：主题实施过程

环节 1：看一看，行走的“不文明”

1. 视频

小品《文明出游人人有责》。

2. 两则新闻

2013 年的一则新闻：近日，网友“空游无依”发微博称，他在埃及卢克索神庙旅游时，在浮雕上看到“丁锦昊到此一游”，中国汉字，就这样出现在具有 3000 多年历史的埃及古迹上。5 月 16 日，国务院副总理汪洋在贯彻实施旅游法电视电话会议上强调，部分游客素质和修养不高，在旅游景区乱刻字、随地吐痰等不文明行为时有发生，有损国人形象，影响比较恶劣。我们要倡导健康文明的旅游方式，提高公民的文明素质，树立中国游客的良好形象。

2016 年的一则新闻：2016 年 10 月 18 日，一导游微信公众号发布一篇文章，称一对儿中国“80 后”年轻夫妇跟团去日本旅游，在退房时将酒店房内的马桶盖顺走，酒店发现后，立即打电话给导游并报了警。在领队告知此为酒店物品后，游客当即答应归还，并于 18 日当天将酒店多功能马桶盖寄回酒店。据媒体报道，由于此事迅速发酵，当事游客承受了巨大压力，目前情绪很不稳定，将提前回国，并且已经主动向单位提出了辞职。

讨论：上面的视频和新闻带给你哪些思考？

明确：文明，是一所学校的标杆！文明，是一座城市的名片！文明，是一个国家的形象！

一个人如果没有文明，将失去尊重；一个社会如果没有文明，将失去安定；

一个国家如果没有文明，将滞步不前！

环节 2：校园不文明行为大家评

1．公布网上问卷结果

当我们徜徉在美丽的校园，享受生活的惬意、舒适的时候，是否感受到洁净清新带来的欢愉？春天是美丽的，可春天又是谁带来的呢？

我们在校园网上对校园不文明行为做了一个问卷，汇总起来，大家最讨厌的校园不文明行为如下：

在食堂买饭插队，在教室吃气味大的食物，乱扔垃圾，在教室走廊高声喧哗，把茶叶渣等倒进开水房的水池里，上完厕所不冲，很用力关宿舍门，冬天不随手关门，在自习课上说话……

看完这个调查结果，我们先停顿一分钟，这之中有你吗？如果没有，恭喜你，你是一位合格的公民。如果有，你就要修正自己的行为了。

一口痰湮没了修养，一片垃圾污染了品行。校园是个小社会，如果我们在有管理制度的校园中都不能做到爱护环境，走出校园，进入社会这个大环境，又能怎样呢？

2．深入探究不文明行为的原因

下面我们要思考的是，为什么会有这些不文明行为的存在？

明确：不尊重他人、缺少公共空间意识、忽视社会关联。

小结：不文明的行为，人人讨厌，人人都是受害者。不文明行为的消除，谁来解决呢？答案是我们每个人都要担起责任。

古人云：修身，齐家，治国，平天下。一个文明的社会，来自每个人对规则的遵守；一个文明的环境，来自每个人的维护；一个文明的国度，来自每个国民心中的文明。修好身，才能治好国；做合格的学生，才能成为良好的国民！

环节 3：杜绝不文明行为我先行

阅读下面三则新闻，说说应该怎样杜绝不文明行为。

新闻一：2016 年 10 月 7 日，广东清远金子山风景区为游客开设“刻字林”，供过往游客在竹子上刻字。“刻字林”开放仅两天，就有100多棵竹子刻上了字，内容多以示爱为主。网友调侃道，按照这样的速度，大概几个月，所有竹子都会刻上字。该处景观也成为景区里一道另类的风景。

新闻二：2017年3月18日，北京天坛公园部分公厕推出“人脸识别厕纸机”，在北门、南门、西门三座公厕共安装了6台机器，分别设置在每座公厕的男、女厕所入口处，并根据男女平均身高分别调整高度。为什么要刷脸取纸？天坛公园管理处相关负责人向媒体表示，天坛一直在尝试用新的技术手段来约束部分游客过度使用厕纸的行为，也一直有厂家推荐新的技术产品来测试。也有公开消息表示：北京某公园十多个公厕，免费为如厕者提供手纸。谁知不少人一天一趟甚至几趟拜访公厕，将手纸塞入布袋后捎回家，公物私用。

新闻三：2017年9月22日早上7点半，数十名交通协管员、文明引导员和社区居民代表会聚北京西单路口，向文明通过斑马线的行人赠送玫瑰花。

明确：个体文明是公共文明的基础，个体文明的质量决定群体文明的质量；“修身”“养性”，是公共文明的基石。

文明的提升，需要外界的约束，更需要我们自律。

环节4：文明行动我来做

1．播放视频。

2．探讨高中生在文明行动中的角色。

明确：文明之于你我，是一个小小的细节。它是路过时一声轻轻的问候，是致谢时一个淡淡的微笑，是劳累时一个关怀的搀扶，是匆忙中一个简单的谦让。

都市，车水马龙，川流不息，车一辆接着一辆，有序前行；寂静空阔的十字路口，红灯亮起，一辆辆车静静等候；站牌下，人们翘首期待，车驶来，有序上车；拥挤的车厢里，坐着的是老人，站着的是年轻人……文明，在对规则的遵循中；文明，在人与人的谦让中。

文明无时无刻不在感召着我们，我们无时无刻不在文明中成长。清洁的校园，安静的倾听是文明，热烈投入的讨论是文明，无声的自习是文明，运动场上的奋力拼搏也是文明。每一次知识的传授给我们文明的熏陶，每一次思想的教诲给我们文明的洗礼！

【班会总结】

鲁迅先生说："中国欲存争于天下，其首在立人，人立而后凡事举。"作为一名中国人，作为一名洛阳人，作为一名高中生，我们骄傲我们是文明古国的传人！当我们享受着历史带给我们的荣光时，我们也需要用行动去诠释文明。我们将以洛阳人的身份走向四方，将以中国人的身份走向世界！洛阳、中国，镌刻在我们的心里；母校的风尚、故乡的文化、祖国的文明，各位既是沐浴者，也是传播者！

你怎么样，中国便怎么样；你是什么，中国便是什么；你有光明，中国便不黑暗。

文明的中国，从我们每个人做起。

【班会拓展】

1. 向全校同学发起倡议，写一份倡议书"文明中国，从我做起"。

2. 开展文明广角镜行动，随手拍一拍身边的文明行为和不文明行为。

（洛阳市第一高级中学　韩秀清）

【专家点评】

"文明中国，我在行动"，从班会的标题，我们便可以看出，班会探讨的重点在"我"，不在他人。日常生活中，我们都是问题的旁观者、评论者。这节班会课把目光聚焦到对我们自己的审视上。

第一种审视，审视公民文明行为对国家的影响；第二种审视，审视文明行为与我们自身的关系；第三种审视，审视不文明行为背后的土壤。审视的目的，不是指责，而是校正和行动。

这节班会课，从社会热点到生活日常，充分体现与学生的真实对话。对话入心而又理性，平易而又思考深刻，这是高中班会课应该有的样子。

（河南省特级教师　裴素青）

四月　环保月："我们只有一个地球"主题班会

【班会背景】

在国家大力提倡环保的今天，许多学生却产生了这样的困惑：环保似乎是政府和组织的事情，离自己太过遥远，自己即使做了，也不过是杯水车薪。那么在"地球日"过后的每一天里，我们普通人该为地球母亲做些什么呢？

这节班会，意在提醒每一个人保护我们赖以生存的地球，做到人与自然和谐共处。幸福生活不只在于丰衣足食，也在于碧水蓝天。除了地球，没有天堂；除了地球，我们无处可去。

【班会目的】

1. 通过音像观赏，唤起学生保护地球的意识和责任感。

2. 借助身边事例，增强学生从我做起的观念和参与感。

3. 开展知识竞赛，引导学生了解、掌握环保的相关知识。

【适用年级】

高一年级、高二年级

【班会准备】

1. 搜集有关环保的知识问答题目，并成立知识竞赛小组。

2. 黑板上绘制"中国环境保护徽"，用废弃物做成装饰品，布置教室。

3. 网上下载有关环保的图片、音像等资料，编排表演节目，制作表演道具。

【班会过程】

步骤一：情境创设

1. 音像观赏

播放一组五彩缤纷的图片：蔚蓝澄澈的天空、百花争艳的峡谷、浓荫如盖的森林、碧波荡漾的河流、银装素裹的雪山等。随之是震撼残酷的画面：土地沙化、森林锐减、垃圾成山、水源污染、酸雨肆虐、臭氧层破坏等。以迈克尔·杰克逊的歌曲《地球之歌》为背景音乐，两位主持人上场。

2. 导入

主持人甲：同学们，茫茫宇宙中，地球是人类已知的唯一适合居住的美丽家园，如果地球毁灭了，人类将到哪里生存？

主持人乙：是啊，她为我们提供了亿万年繁衍沉淀下的丰富资源，而我们对她却缺乏珍惜和爱护，曾经温柔、美丽、慷慨的地球母亲，身体上留下了一道又一道伤口，它日渐衰老，备受摧残，满目疮痍，伤痕累累。她病得很重！有谁会为她心痛！

步骤二：主题实施过程

环节 1：小品表演，主题感知

表演情景剧《地球母亲就诊记》。5 名同学戴着画有“森林”“湿地”“空气”“水”“海洋”的头饰，随着音乐依次蹒跚而上。带有“医生”头饰的同学坐在讲台上。

我是地球之肺——森林。鸟语花香，因为有我作屏障；空气清新，因为有我作过滤；土地肥沃，因为有我作安保；氧气充足，因为有我作供应。我能消除烟雾，消减噪声，涵养水源，保持水土，防风固沙，调节气候；我是二氧化碳的吸收器，是氧气的制造厂；我还可以利用身上散发出来的“活力素”，给人类治病……但如今我却病了，我的身体受了重创，从而导致了许多自然灾害的发生。

我是地球之肾——湿地。如果翻开人类发展史，你会发现许多文化、文明胜地都发源于湿地。人类的启蒙时期，几乎无一例外地选择“逐水草而居”。古老的河流、湖泊，神秘的沼泽、海滨，风吹稻香的水田、池塘，氤氲丰饶的“生命的摇篮”赋予大地勃勃生机。我们像天然的过滤器，通过土壤、水、植被及微生物可以净化环境污染物，起到“排毒”“解毒”的功能。如今我们正在慢慢地消失，仅存的湿地又遭受着日益严重的污染。

我是地球之气——空气。没有空气，人类将无法生存。如今，我的质量急剧下降，从每天清晨开始，潮湿而浓重的空气像铅块一样压在城市上空，浓雾不散，难见天日。大气中，烟尘和二氧化碳的浓度不断上升。人们被迫戴上了防霾口罩，因严重的大气污染，不少人患上了支气管哮喘，人类肆无忌惮地危害着大气的“健康”，到头来还不是反作用于自己？

我是地球之血——水。水是地球上万物的命脉所在，滋润万物，哺育生命，创造文明。但现在大量的污染物排入我的身体，造成严重的水污染。污水中的致病微生物、病毒可引起传染病的蔓延，一些剧毒物质可在几分钟内使人畜死亡。我这万物生存之源，风霜雨雪之根，总有一天会只剩下最后一滴，那将是人类破坏地球悔恨的眼泪。

我是地球之心——海洋。我每天都有“潮起潮落”，与人体心脏的不停压缩非常相似，我以这种方式借地壳下的“血管”把“水”——地球的“血液”输送到地球的各个角落，地球上的各种动植物的生命才得以生存。但现在人类过度捕捞海洋鱼类，任意倾倒污水垃圾，肆意钻探采矿，使我在短短几十年间从快乐的“伊甸园”变成了伤痕累累的“失乐园”，海洋生物锐减、冰川融化、海水酸化等一系列问题正威胁着我的健康。

“医生”写下诊断书，念诊断结果：

地球症状：地球的肺、肾、气、血、心均发生严重病变，并伴有皮肤干裂、面庞憔悴、眼神不清、耳朵失聪等症状，一些地方硝烟四起，化学药品、贫铀正向周围扩散。

病因：人类污染、乱砍滥伐、过度开垦、破坏生态。

建议：人类要尽快采取行动，救治地球的病痛。

（5名同学做痛苦呻吟状，在悲伤的音乐声中缓慢下场）

主持人甲：地球母亲生病了，她伤痕累累，美丽不再。在病痛的折磨下，她回复给人们的不只是被污染后的丑陋沧桑，还有哭泣的眼泪、愤怒的委屈。地震，是她的颤抖！海啸，是她的呐喊！干旱，是她的苍白！洪水，是她的眼泪！狂风，是她的悲叹！我们正酝酿着一场谋杀，我们正沉醉于自我的毁灭！我们何时才能惊醒！

主持人乙：别让鸟语花香不复存在，别让尊贵的生命没了可爱，别让自然灾害频频袭来……地球母亲身上一道道触目惊心的伤口，是那么的醒目。我们唯有行动起来，疗救母亲，保护家园。

环节 2：理性思考，强化意识

学生以 4 人为一小组，组成医疗小分队，针对地球的病情讨论一下，我们该如何救治她，使她恢复健康？请大家把建议开成处方，然后递交给班委会救治中心。

大家讨论，班委会汇总意见：植树造林、退耕还林、净化污水、化害为利、变废为宝、保护生物、全面规划、合理布置、综合利用、依靠群众、大家动手、保护环境、造福人类。

教师引导：联合国把每年的 4 月 22 日定为地球母亲的生日，守望家园已经成为全人类的共同意识和行动。我们作为人类的一员，应该明白真正的救赎之道，就是我们每个人意识的觉醒、即刻的行动和不懈的努力。

环节 3：诗歌朗诵，情感再唤醒

主持人甲：地球是我们唯一可以诗意栖居的家园。请听诗歌朗诵《我们的星球》，配乐：《天之痕》钢琴曲。

（视频：美丽的地球在宇宙中缓缓转动着，太阳正放射着灿烂的光芒……）

合：在这寒冷的宇宙，有一座星球花园。

男：唯独这里森林喧嚣，把飞翔的鸟儿召唤。

女：唯独这里百花争艳，青青草地开着铃兰。

男：唯独这里一只只蜻蜓，惊奇地注视溪水潺潺……

女：原以为你是那么宽广，不在乎带走一片阴凉。

男：原以为你是那么坚强，没想到你的眼泪在流淌。

合：请珍惜我们的星球，要知道在茫茫宇宙之间，第二个这样的花园，至今还没有发现。

主持人乙：地球只有一个，失去她，我们将无处可去。46 亿岁的地球母亲在宇宙中，披着蔚蓝色的纱衣，晶莹透亮，神圣美丽。她值得我们敬畏，值得我们珍惜。

环节 4：结合自身，环保行动

主持人甲：蔚蓝意味着生命，意味着鸟儿自由地飞翔，意味着鱼儿欢快地嬉戏，意味着花儿尽情地绽放。我们手中都有一张蔚蓝色的纸片，请将你保护地球的金点子写下来。（小组讨论，写下方案）

环节 5：知识抢答，做科学的环保宣传者

活动规则：把全班同学分成 4 组，得分最高者为优胜组。试题及答案依次通过多媒体显示，各小组抢答。

学生分小组进行环保知识抢答，形式引人入胜，既增加知识、增添趣味，又培养同学合作与竞争意识。

【班会总结】

同学们，让我们用爱心和行动来守望家园，让天空更蔚蓝，让土地更敦实，让森林更茂盛，让流水更纯净，让物种更丰富。

千百年后，地球是缤纷还是毁灭？答案就在我们手中。请同学们在树叶（废纸做的）上签下自己的名字，粘在宣传板上那棵大树的枝干上，并在地球图案上印下自己的手印，表明自己积极参与环保的决心。

【班会延伸】

以小组为单位，在下面两个活动中任选一个。

活动一：成立河流守望小组，检测流经本市的一条河流。通过观察河水的色度、浑浊度、悬浮物、测定 pH 值等指标，分析河水水质的变化，寻找污染源，向市长信箱和环保局反映情况，并进行追踪，力争解决问题。

活动二："变废为宝"，制作环保物品。利用旧的报纸、绳带、衣物等材料，进行环保设计，做出富有创意、美观实用的作品，并开展览会，对优秀者给予奖励。

（河南科技大学附中　杨艳丽）

【专家点评】

既要金山银山，也要绿水青山。这节主题班会课和学生探讨的就是"绿水青山”的问题。老生常谈的问题如何谈到学生心里去？

有直观的感知，有理性的思考，有情感的唤醒，有切实的行动。一个好的班会，需要触动，需要活动来推动，需要具体的行动。“动”起来是关键，班会的主人是学生，他们参与、思考。在环保行动中，我们谁都不是旁观者。教师的用心还体现在课外的延伸上，既有大的行动——检测本市河流水质的变化，也有举手之劳的小行动。知与行在这里合一。

（河南省优秀教师　韩秀清）

五月　科技月：“追寻科技之光”主题班会

【班会背景】

科学技术是人类文明进步的阶梯和标志。古代中国有“四大发明”：造纸术、指南针、火药、活字印刷术。到了近代，古老中国曾有过的极盛科技传统逐渐落伍了。中华人民共和国成立后，特别是改革开放以来，中国科技发展取得了令人瞩目的成就。这些成就的取得无不凝聚着几代人自主创新的心血。尤其是航天科技方面，我们国家更是依靠独立自主、艰苦奋斗的精神，走在了世界的前列。今天我们就来通过了解航天科技取得的成就，追寻科技之光，感受国家科技的进步，培养学生热爱科学、勇于创新的良好品质，树立长大后也要成为科学家的崇高理想。

【班会目的】

1．通过介绍了解中国航天科技取得的成就。

2．通过讨论激发学生爱国热情，培养学生尊崇科学的情感。

3．通过班会培养学生的科学精神和创新精神，树立长大后成为科学家的崇高理想。

【适用年级】

高中年级

【班会准备】

1. 搜集现代科学技术相关知识，重点是航天科技，了解科学家及其主要成就。

2. 学生准备科技创意节目。

3. 准备相关音乐及视频。

【班会过程】

步骤一：情境创设

1. 暖场音乐《四大发明》。

2. 导入：古代中国有伟大的“四大发明”，即造纸术、指南针、火药、活字印刷术。今天我们中国也有新的“四大发明”，即高铁、扫码支付、共享单车和网购。很多在中国生活的外国人表示，中国新的“四大发明”不仅改变了中国人的生活，也刷新了他们对中国的认识，而且是他们最想带回祖国的生活方式。

辉煌灿烂的古代中国文明，让我们备感骄傲。只是到了近代，古老中国曾有过的极盛传统科技逐渐落伍了。中华人民共和国成立后，特别是改革开放以来，中国科技发展取得了令人瞩目的成就。尤其是航天科技方面，我们国家更是依靠独立自主、艰苦奋斗的精神，走在了世界的前列。在我们洛阳就有一位航天员，他的名字叫陈冬。陈冬 1978 年 12 月出生于河南洛阳，2016 年 10 月 17 日至 11 月 18 日执行“神舟十一号”飞行任务，获得圆满成功。12 月 26 日，中共中央、国务院、中央军委授予陈冬“英雄航天员”荣誉称号并颁发“三级航天功勋奖章”。今天，我们就来通过了解航天科技取得的成就，追寻科技之光，感受国家科技的进步。

步骤二：主题实施过程

环节 1：介绍展示我国“两弹一星”“载人航天精神”相关知识（PPT 展示）

甲：20 世纪五六十年代是极不寻常的时期，当时面对严峻的国际形势，为抵制帝国主义的武力威胁和核讹诈，以毛泽东同志为核心的第一代党中央领导集体，根据当时的国际形势，为了保卫国家安全、维护世界和平，高瞻远瞩，果断地作出了独立自主研制“两弹一星”（导弹、核弹、人造卫星）的战略决策。大批优秀的科技工作者和参与“两弹一星”研制工作的广大干部、工人、解放军指战员一起，在当时国家经济、技术基础薄弱和工作条件十分艰苦的情况下，自力更生，发愤图强，完全依靠自己的力量，用较少的投入和较短的时间，突破了核弹、导弹和人造卫星等尖端技术，取得了举世瞩目的辉煌成就。

乙：1992 年 9 月中央决策实施载人航天工程并确定了我国载人航天“三步走”的发展战略：第一步，发射载人飞船，建成初步配套的试验性载人飞船工程并开展空间应用实验；第二步，突破航天员出舱活动技术、空间飞行器的交会对接技术，发射空间实验室，解决有一定规模的短期有人照料的空间应用问题；第三步，建造空间站，解决有较大规模的长期有人照料的空间应用问题。在实施载人航天工程的进程中，中国航天人牢记党和人民的重托，满怀为国争光的雄心壮志，自强不息，顽强拼搏，团结协作，开拓创新，取得了一个又一个辉煌成果，也铸就了特别能吃苦、特别能战斗、特别能攻关、特别能奉献的载人航天精神。

教师小结：“两弹一星”是新中国科技的重大成就，维护了国家安全，为中国独立自主屹立于世界之林奠定了基础。载人航天工程是当今世界高新技术发展水平的集中体现，所铸就的航天精神值得我们尊敬和学习。

环节 2：介绍展示“神舟”飞船“探月工程”和航天员陈冬（PPT 展示）

丙：“神舟”飞船是中国自行研制、具有完全自主知识产权、达到或优于国际第三代载人飞船技术的飞船。与国外第三代飞船相比，“神舟”飞船具有起点高、具备留轨利用能力等特点，由专门为其研制的“长征二号”F 火箭发射升空，发射基地是在酒泉卫星发射中心，回收地点在内蒙古中部的四子王旗航天着陆场。目前“神舟”飞船已经进行 11 次发射，共有 14 名航天员进入太空：杨利伟（“神五”）；费俊龙、聂海胜（“神六”）；翟志刚、刘伯明、景海鹏（“神七”）；景海鹏、刘旺、刘洋（“神九”）；聂海胜、张晓光、王亚平（“神十”）；景海鹏、陈冬（“神十一”）。

丁：中国“探月工程”，又称“嫦娥工程”，分为“绕”“落”“回”3个阶段。第一期绕月工程在2007年发射探月卫星“嫦娥一号”，对月球表面环境、地貌、地形、地质构造与物理场进行探测。第二期工程时间在2007年至2010年，目标是研制和发射航天器，以软着陆的方式降落在月球上进行探测。第三期工程时间定在2011年至2020年，目标是月面巡视勘察与采样返回。目前已发射“嫦娥”一号、“嫦娥”二号、“嫦娥”三号卫星，“嫦娥”四号在2018年5月发射中继星，在2018年年底发射着陆器和巡视器，将实现人类首次在月球背面软着陆。

戊：航天员陈冬是洛阳人，他在2016年10月17日至11月18日执行“神舟十一号”飞行任务，获得圆满成功。1997年，陈冬高中毕业考入长春飞行学院，从飞行学员到飞行员，从飞行员到现在的航天员。在航天员系统副总设计师黄伟芬的眼里，陈冬各方面都很优秀，各方面都很全面，没有明显短板。从初选到定选，陈冬在同批航天员中成绩都是第一。他的融会贯通能力有时候让教员吃惊，他对完美的追求连景海鹏都赞叹不已。

教师小结：我们生活在伟大的时代，通过电视直播能够亲眼看到中国“神舟”飞船的发射，以及航天员在太空的一举一动。“探月工程”实现之后，我们期待着中国人的脚步踏上月球的土地，我们期待这一天。也许，你们在座的一些人，会和陈冬一样，以后也会从事这项伟大的科学事业，所以现在就要认真学习、健康成才，长大了好报效国家。

环节3：小组活动

主持人：下面用PPT展示问题，各小组分组讨论后，请同学们举手发言。

1. 你还了解哪些科学家及科学成果？

2. 你最敬佩这些科学家身上的什么精神？我们应该怎样学习这种精神？

3. 想想自己小时候是不是也做过“长大后当科学家”的梦想，那现在还有这个梦想吗？

4. 各小组形成自己的“科学宣言”，汇总整理后形成班级的“科学宣言”。

（同学们讨论发言，参考内容为：讨论航天科技、高铁科技、生物科技、网络科技等方面的科学家，尤其是获得国家最高科学技术奖、诺贝尔奖等的科学家及其科学成就）

主持人：下面请同学们起立，举起右拳，跟我一起朗读“科学宣言”。

主持人：下面由各组依次展示本组的科技创意节目。

【班会总结】

今天我们围绕华洋的“科技月”，以“追寻科技之光”为主题组织了一场非常好的班会，非常有教育意义。同学们通过介绍展示中国航天科技取得的伟大成就，感受到作为中国人的自豪和骄傲。中国航天科技是我们中华民族独立自主进行科学研究所取得的伟业，已经走在世界的第一方阵，并且还会发展得越来越好。我们还讨论了很多的现代科学技术及科学家事迹，学习了他们身上的科学精神，形成了班级的“科学宣言”。习主席在十九大报告中强调指出，“青年兴则国家兴，青年强则国家强”“青年一代有理想、有本领、有担当，国家就有前途，民族就有希望”。同学们正值青春年华，正是好好学习、增长知识的大好时光，希望在以后的学习中，热爱科学、崇尚科学、钻研科学，多动手，勤实践，成为科学的好朋友，做一名有科学素养的中学生。有条件的同学，可以利用假期时间到洛阳科技馆，或者其他城市的科技馆进行参观学习，以培养自己的科学意识和科学思维。

结束音乐：《龙舞九天》。

【班会延伸】

1. 在班上展示自己的科技创意手工作品，讲述自己的科技梦。

2. 将班级“科学宣言”张贴上墙，激励学生热爱科学，营造班级的科学文化氛围。

3. 写一篇 800 字左右的科学梦想作文，进行班级展览。

（洛阳华洋国际学校女子高中　王喜军）

【专家点评】

在一个科技发展的时代，和学生谈一谈科技——对于他们来说看起来遥远实际上又很贴近，也和他们谈一谈科学精神。因为，学生虽然每天都在享受着科技的成果，但未必知道什么是科学精神。对于高中生来说，重新来谈这个话题既有必要，又有难度。这节班会的亮点在于，从学生身边的科技谈起，从距离学生很近的航天英雄谈起，对于学生来说把高远的话题谈得亲切。“生生不息，见证奇迹，创新科技，不竭原力。”把航天精神融进学生的日常，在每一个合适的时刻培育科技的思想，这是华洋国际学校的远见。

（河南省优秀教师　韩秀清）

六月　拼搏月：“激情六月，高考壮行”主题班会

【班会背景】

高考是人生道路上的一个十字路口，如何把握好这人生中的重要时光，激发同学们的信心，对于即将高考的同学们来说至关重要。在面临即将高考这一关键时刻，树立顽强拼搏的精神，高考必胜的信心，提升学习效率尤为重要。鉴于此，特召开“激情六月，高考壮行”主题班会。

【班会目的】

1．通过该班会，学生树立正确的人生观、价值观，培养积极进取、勇于拼搏的精神。

2．帮助学生制定学习目标与树立远大理想，鼓干劲，创辉煌。

【适用年级】

高三年级

【班会准备】

1．活动图片、视频。

2．背景音乐与诗歌的搜集。

3．制作相关的课件，营造氛围。

【班会过程】

步骤一：创设情境

环节 1：活动导入，听一听

有人说，诗是灵魂的舞蹈；有人说，诗是灵魂的短歌；还有人说，当你真正读懂一首诗时，便开启了灵魂的大门。今天我们的班会便从汪国真的一首诗《走向远方》开始。

共鉴一首诗，启迪我们的灵魂。诗是柔情的，灵魂是火热的，为何？只因六月激情似火，只因高考号角已经吹响。相信同学们业已准备好在即将到来的高考中大显身手了。面对即将到来的高考，我们现在更要树立自信意识，要有那种“自信人生二百年，会当水击三千里”的豪迈壮志。下面就让我们一起看看同龄人是如何面对高考的。

环节 2: 读一读

据《新闻晨报》2002 年 7 月 2 日报道的一则新闻。

又到了 7 月，又到了莘莘学子圆大学梦的日子。在天津今年数万名考生中，有一个与众不同的学生也将与众多的同龄人一起站在人生新的起跑线上，用他的脚答写每一张试卷。

命运曾向他露出狰狞。

1987 年，4 岁的刘涛在玩耍时右手触到了高压接线柱，6000 伏的高压把他的双臂完全烧坏，只能从肩胛处进行截肢手术，从此刘涛永远地失去了双臂。在父母的鼓励与支持下，他没有沉沦，而是顽强地与命运抗争。在父亲的帮助下，他一遍遍练习靠腰腹的力量带动上身坐起来，直到可以自己走出家门。等到上学后，他又开始学骑自行车，不知摔了多少次，他终于能够靠双肩操纵着爸爸为他特制的自行车自己去上学了。

彩虹总在经历风雨后。

刘涛从不因自己身体有缺陷而放松对自己的要求，他不仅学习成绩优异，而且体育也不甘落后。体育课上，只要是不用手的项目他都积极参加，以提高自己的综合素质。他喜欢踢足球，常和伙伴在球场上激烈拼抢，上初一时还参加了校运动会，在全年级 300 多名学生中跑了第 6 名。刘涛知道，这么多年来，是老师和同学给了他无私的帮助，他也要同样以真诚回报他们。同学生病他热心去探望，并主动帮助同学补课。班里劳动他主动参加，用下巴和肩膀夹着笤帚扫地。生活上最大的不便就是上厕所，在学校刘涛总是强迫自己少喝水，尽量不去麻烦同学。

圆梦为了永远的信念。

3 年前，刘涛以 642 分的优异成绩考入天津市第 20 中学高中部，这个分数是全年级男生的第一名。3 年高中，刘涛的成绩很稳定，一直保持在优秀生行列。现在，他最大的愿望就是升入一所名牌大学。他告诉记者："以我的生活能力和学习能力，上大学没有问题。所以，我特别想通过努力考入南开大学或天津大学。我最喜欢计算机专业，电子商务专业或者中文专业也行。"

最终刘涛在当年的全国高考中，取得了 569 分的成绩，被天津财经大学法学专业正式录取。

环节 3：看一看

下面我们再来看一段视频：（播放鸭妈妈带小鸭子上台阶的视频）

一群可爱的小鸭子，在鸭妈妈的带领下，开始挑战上台阶，可是台阶非常高，足有两只小鸭子摞起来那么高。鸭妈妈是很轻松地就上去了，但是对于小鸭子们来说非常不容易，在费了一番功夫之后，只有一只小鸭子努力攀上第一层台阶，而剩下的小鸭子们则大部分是在那里"嘎嘎"地叫着找寻出路。那第一只攀上台阶的小鸭子因为有了之前成功攀阶的经验，所以没有费多大的功夫，很快就攀上了第二层台阶，成功地第一个来到了鸭妈妈的身边，而鸭妈妈此时则是很安静地站在台阶上面等待着她的孩子们。剩下的那群鸭兄弟因为有了第一个成功攀阶兄弟的示范，所以很快第二个、第三个、第四个……纷纷攀阶成功，陆续地来到了鸭妈妈的身边。最后还是剩下了三只小鸭子，这三只小鸭子着急了，因为他们的兄弟都上去了，而自己努力了好几次都没有成功。终于费了好大的劲，有两只上去了，还剩下一只最小的小鸭子，这只小鸭子此时好孤独，一直在那里“嘎嘎”地叫着，一会儿跑到台阶左，一会儿跑到台阶右，做了若干次努力，都没有成功。而此时的鸭妈妈呢，仍然很淡定地带领她的孩子们在台阶上方等待，并且“嘎嘎”地鼓励着这只能力最弱的鸭宝宝，终于这只鸭宝宝费劲地爬上去了，快速地跑到妈妈的身边。鸭妈妈平静地带着她的孩子们去小树丛中经历下一个挑战了。

视频播放完毕，班主任老师开始指导大家分享感受。

环节4：议一议

这是一个充满童趣、轻松又不失励志的小视频，看完鸭子的视频让我想到了信念的力量。

当一个人有了目标，就会去拼搏，心态会得到改变。

鸭妈妈爱着每个孩子，鼓励着孩子向目标前进。她相信自己的眼光。孩子们一定能成功的。鸭妈妈在等待着孩子挑战，小鸭子在得到鸭妈妈的鼓励后坚持着。它也有了信心。经过多次的努力，小鸭子们终于成功跳上台阶和母亲一起。在这氛围下还体现着团结的力量。每个鸭子都挑战成功，它们互相鼓励，去探索怎样才能跳上去，这说明潜能是被逼出来的。当潜能被逼出来后，做到有坚定的信念，坚持地走下去才会成功。从视频中我们可以联想一下自己的问题所在，比如是否发现自己很多地方做得不好，没有做到坚持去改变；是否存在去探索突破自我时，遇到难题就逃避；是否只是意识到问题却没有真正地去做，或是没有坚定的信念、没有做到坚持。

所以，同学们，不要觉得远大的理想遥不可及，其实在追逐理想的过程中并不是枯燥、疲惫的。如果把它分成若干段，就像小鸭子上的每一层台阶，每一层都是一个小目标，这样既容易实现最终目标，又有一种实现小目标的成就感，而且是一个喜悦接一个喜悦，结果就很容易坚持下来了。当然，目标也就离你更近一步了。

步骤二：定目标

千里之行，始于足下。决战时刻，更要目标明确，知己知彼，百战不殆。每个人都应该明确自己的目标，并持之以恒地坚持下去。

发放高三以来历次模拟考试成绩对比分析表，指导学生制作高考目标卡。通过分析现状，制定下一阶段的学习目标。

<table>
<tr><th colspan="2">高考目标卡</th></tr>
<tr><td colspan="2">态度变　行动就变
行动变　习惯就变
习惯变　性格就变
性格变　命运就变
命运变　人生就改变</td></tr>
<tr><td colspan="2">我的理想　我的目标</td></tr>
<tr><td>姓　名</td><td></td></tr>
<tr><td>人生理想</td><td></td></tr>
<tr><td>月练考试目标</td><td></td></tr>
<tr><td>三次大练习目标</td><td></td></tr>
<tr><td>期中考试目标</td><td></td></tr>
<tr><td>期末考试目标</td><td></td></tr>
<tr><td>我心仪的大学</td><td></td></tr>
<tr><td>高考后我要进入的城市</td><td></td></tr>
<tr><td>高考后我要同学对我的看法</td><td></td></tr>
<tr><td>高考后我要老师对我的评价</td><td></td></tr>
<tr><td>高考后我要父母对我的感叹</td><td></td></tr>
<tr><td colspan="2">个人感言：</td></tr>
<tr><td colspan="2">当优秀成为一种习惯，成功会不请自到。
今日寒窗苦读，必定有我；明朝独占鳌头，舍我其谁。</td></tr>
</table>

亲爱的同学，如果你不知道自己未来的目标，你就永远到不了那里；如果你有自己的目标而不实行，永远是一道虚幻的彩虹。鸿鹄之志，始于足下！现在目标已经确立，就让我们在最后并肩战斗的日子里，相互携手，任何人都不抛弃、不放弃，以青春的名义，见证青春的誓言！

步骤三：宣誓言

在高中生涯剩下的日子里，让我们不断汲取知识的精华，品味书香的熏陶，用我们的誓言见证我们的梦想吧！

今天，我们以青春的名义宣誓：我们不做漂泊的扁舟，我们不做退缩的懦夫。选择了大海，就去乘风破浪；选择了蓝天，就去展翅翱翔；选择了远方，就要风雨兼程；选择了奋斗，就要勇敢前行。我们庄严承诺：不负父母的期盼，不负恩师的厚望，不作懦弱的退缩，不作无益的彷徨，我们将带着从容的微笑，去赢得我们志在必得的辉煌。奋斗，让飞翔的梦在六月张开翅膀；拼搏，让我们的辉煌在六月继续闪光。我们向父母师长发誓：六月凯旋，舍我其谁！

主持人：少年自有少年狂，藐昆仑，笑吕梁。磨剑数年，今日显锋芒。烈火再炼双百日，化莫邪，利刃断金刚。雏鹰羽丰初翱翔，披惊雷，傲骄阳。狂风当歌，不畏冰雪冷霜。欲上青天揽日月，倾东海，洗乾坤苍茫。决战的号角已经吹响，三分天注定，七分靠打拼，爱拼才会赢。只要我们竭尽全力，奋力拼搏，胜利一定会属于我们的。

【班会总结】

高考是一首关于梦想的歌，高考是一首关于拼搏的歌，是人生路上的一个重要转折点。十几年磨一剑，锋刃未曾试。高考为展现最美丽的自己提供了舞台，只有经历过才知道其丰富多彩。高考是一次挑战。高考更多的还是一次证明自己价值的宝贵机会。奋斗的过程才是最美的！在自己梦想的鼓舞下，去拼搏去努力吧！心有多大，舞台就有多大。

【班会延伸】

结合自己制作的目标卡，去搜集有关目标卡上高校的照片和简介，整理打印出来，将相关资料与目标卡一起装帧，制作班级同学奋斗目标墙。

（洛阳市第十九中学　张洁）

【专家点评】

经过了春耕夏耘，我们终于迎来了即将收获的时节。如今，宝剑在手，背水一战的时刻到了，通过此次班会，同学们都会更加勇敢地站在人生的起跑线上，为了实现心中的远大目标，努力拼搏。本次班会充分激励了广大同学临考前的斗志，充分体现了学校“崇尚学习、志存高远”的校风。没错！成功属于不畏困难、勇往直前的人。相信自己！用拼搏的汗水灌注无悔的高中三年。考前不怕，考后不悔。“宝剑锋从磨砺出，梅花香自苦寒来。”最困难之时，就是离成功不远之日。

（河南省特级教师　裴素青）

七月　诚信月：“诚信是金”主题班会

【班会背景】

诚信，就个人而言，是高尚的人格力量；就企业而言，是宝贵的无形资产；就社会而言，是保障有序发展的通行证；就国家而言，是立国之本！而现实生活中，包括学生群体中都存在不讲诚信的现象。有鉴于此，希望通过这堂班会课，使学生在深入了解诚信含义基础上，真正把诚信作为为人处世的基本原则，崇尚诚信，远离不诚信的行为，争做诚实守信的新一代。

【班会目的】

1. 培养学生观察、分析能力，为人处世与社会生活的能力以及明辨是非的能力。

2. 引导学生践约守信，诚实做人，增强对他人、对社会的责任感。

3. 树立正确的为人处世态度和守信为荣、失信可耻的道德观念。

4. 大力弘扬诚实守信美德，践行社会主义核心价值观。

【适用年级】

七年级、八年级、九年级、高一年级、高二年级

【班会准备】

1. 教师：(1) 课件准备；(2) 组织学生搜集正反两方面的诚信故事。

2. 学生：搜集诚信故事及有关诚信的格言、古训。

【班会过程】

步骤一：创设情境

导入：诚信银行开幕仪式

为了大力弘扬中华诚信美德，特成立诚信银行，存、取“诚信元”。

活动规则：凡是弘扬诚信美德，如讲诚信故事、回答有关诚信的问题、主动承认自己不诚信的过去等皆可获得一枚“诚信元”。记录你的诚信表现，最后评选诚信明星。

步骤二：解密诚信银行

环节 1：说文解字话“诚信”——理解诚信字面上的意思。（学生讨论，教师引导）

诚，就是要实事求是，不扩大，不缩小；信，就是要一言九鼎，说到做到，不朝秦暮楚，不朝令夕改。诚信是一个道德范畴，即待人处事真诚、实在、讲信誉，言必信、行必果，一言九鼎，一诺千金。在《说文解字》中的解释是“诚，信也”“信，诚也”。可见，诚信的本义就是要诚实、诚恳、守信、有信，反对隐瞒欺诈，反对伪劣假冒，反对弄虚作假。诚信是立业之本、为人之本，是企业和个人的第二张身份证。

环节 2：诚信故事大展示

要求：发挥集体智慧，以小组为单位搜索有关诚信正反面故事，争取第一枚“诚信元”。

教师：“狼来了”的故事妇孺皆知，小男孩儿因为一再说谎，而导致说话无人听，最后被狼吃了。其实，吃他的是狼，也是他那不诚信的品质。古往今来，有关诚信美德的故事还有哪些？从这些故事中你了解到什么是诚信？

小结：诚信即诚实守信，就是实事求是，诚实做人，做事讲信用。

与诚信有关的小故事：

曾子杀猪

曾子的妻子到集市上去，她的儿子要跟着一起去。妈妈对他说：“你回去，等我回来以后，杀猪给你吃。”妻子从集市回来了，曾子要捉猪来杀，他的妻子拦住他说：“那不过是跟小孩子说着玩的。”曾子说：“绝不可以跟小孩子说着玩。小孩子本来不懂事，要照父母的样子学，听父母的教导。现在你骗他，就是教孩子骗人。做妈妈的骗孩子，孩子不相信妈妈的话，那是不可能把孩子教好的。”于是，曾子就把猪给杀了。

步骤三：体验诚信，诚信是金

环节 1：诚信是立身之本

活动：银行招聘启示录

有一个年轻人走在漫长的人生道路上，到了一个渡口的时候，他已经拥有了“健康”“美貌”“诚信”“机敏”“才学”“金钱”“荣誉”7 个背包。船到江心，突然风起浪涌，小船上下颠簸起来。艄公说：“船小负载重，客官必须丢弃一个背包方可安渡难关。”年轻人哪一个都不舍得丢，思索了一会儿，把“诚信”丢进了水里。现在，这位年轻人带着他剩下的 6 个背包，来到了某银行应聘。假如你就是负责招聘的该银行的主管，你想不想让他成为你们单位的一员？（学生扮演负责招聘的银行的主管和年轻人对话表演）

教师：为什么这个年轻人拥有这么多、这么好的条件，却还是找不到一份工作呢？

小结：诚信是一个人安身立命的基础，是一个人立足社会的通行证，是一个人生存和发展的重要条件，是我们做人的基本准则、立身之本，是人生最重要的财富。

环节 2：活动——诚信是交往之道

1. 游戏：两人一组，同向站立，前面的人向后倾倒，后面的人给予支撑。

2. 设问：

（1）如果你是前面的人，你的身体敢向后倾倒吗？为什么？

（2）如果可以选择，你将选谁做游戏伙伴？为什么？讲讲你和他之间的诚信故事。

教师小结：具有诚信品德，坚持诚信做事，才会获得信任和尊重，才能形成交往和合作，才能享有信誉和成功。诚信是交往之道。实事求是、对事负责是诚信的又一基本要求。

步骤四：总结——诚信是社会的通行证

案例一：创办于 1669 年的同仁堂，虽经历了 300 多年的时代变迁和风风雨雨，但“炮制虽繁必不敢省人工，品味虽贵必不敢减物力”的祖训始终不变。这使同仁堂数百年不衰并获得“天下第一中药店”的殊荣。

案例二：多年前，著名老字号南京冠生园用上一年的陈陷做月饼，坑害消费者事件被曝光。“南京冠生园事件”影响了六成多消费者购买月饼的意愿，有百分之十四的消费者表示该年不会买月饼。中国科学院心理研究所马谋超研究员说，这一事件还可能会对中国传统节日文化产生负面影响。一夜间冠生园的声誉扫地，不久便被迫申请破产。

设问：同是百年老店，为什么同仁堂会名扬四海、生意兴隆，而冠生园却声誉扫地、申请破产呢？

教师：诚信，就个人而言，是高尚的人格力量；就企业而言，是宝贵的无形资产；就社会而言，是保障有序发展的通行证。

环节 1：诚信大考验，赢取“诚信元”

如果你遇到了如下的情况，你会怎么做？说说你的理由。每组派代表抽取情境，大家讨论，一人记录。

情境一：一天，小明在上学路上捡到一个皮包，发现里面有身份证、银行卡、人民币。他不假思索地按照身份证上的联络方式将皮包归还失主，并婉言谢绝了失主给他的钱财。又一天，小明在本班教室门口发现地上有一支笔。如果你是小明你会怎么做？

情境二：在生物课上，你的同伴打破了实验器具，他让你帮忙隐瞒，老师问你时，你会怎么说？

情境三：你的好朋友小明父母离异了。他只把此事告诉了你，并说不想让第三个人知道。另一好友小刚却问到了此事，你对小刚怎么说？

情境四：若干年后，你成了一名内科医生。一位胃癌患者向作为主治医生的你询问病情，你会怎么做？

教师：在诚信问题上有各种复杂情况，在特定的交往情境中，需要善意的隐瞒和欺骗。这和诚信待人并不矛盾，因为诚信的本质是善，善意的谎言是诚信的特殊表现。只要我们正确理解诚信原则，与人为善、出以公心、永不自欺，我们就能拥有诚信的智慧，做一个诚信的人。

环节 2：评选诚信之星——获得最多“诚信元”组获胜，并发表获胜感言

【班会总结】

通过本节的学习，我们认识到了诚实守信的重要性，懂得了怎样做一个诚实守信的人，知道诚实守信是人的高尚品性，是最重要的交往品德，是立足社会的通行证。一个人如果想在社会立足，干出一番事业，就必须具有诚实守信的品德。“不信于一时，则不信于一世。”因此，我们从现在起就要在学习、工作和生活中，以诚信为本，踏实做人，为学要严，为人要正，做一个德才兼备的人。

【班会延伸】

课后合作完成一份“呼唤诚信，共筑诚信”的倡议书。

（洛阳华洋国际学校初中部　刘令洁）

【专家点评】

诚信，是为人处世的基本原则，又是治理国家必须遵守的规范，调节着人与人之间的关系，维系着整个社会的秩序。做人需要诚信，诚信赢得尊严。“无诚则有失，无信则招祸。”诚信是人的一张脸，它写着你的品德和操行。小胜靠智，大胜靠德。本次班会很好地将古往今来的诚信故事贯穿其中，生动有趣，收到了很好的育人效果。

（洛阳市优秀教师 张洁）

八月 实践月：“清华研学”“徒步万安山”主题实践活动

【活动背景】

为了践行洛阳华洋国际学校“12个品格月德育管理体系”中“实践月”的月主题目标“利用节假日，参加丰富多彩的实践活动”，把我校“自律、责任、抗挫、人生”的德育目标落到实处，让学生走出校园，走向社会，关心社会发展，尝试解决问题，达到学以致用的目的，全方位培养学生的核心素养，我校开展了以“读万卷书，行万里路”为主题的“清华研学”之旅活动和以“亲近自然，磨炼意志”为主题的“徒步万安山”磨砺之旅活动，全面推进主题实践活动的实施。

【活动目的】

1．走出校门，亲近自然，强化集体意识、纪律观念，提升环保意识和社会责任感，激发学生热爱家乡、热爱祖国的真挚情感。

2．开展合作探究，培养学生勤于实践、勇于探索、团结合作的精神和参与意识、创新意识，提高综合思考问题的能力，提升学生的学习能力。

3．“清华研学”之旅主题实践活动，旨在进行理想教育，激励学生树立明确的目标，关注科学发展、科技进步，养成实事求是的科学态度，培养学生的学习力、创造力，形成远大的理想，激发拼搏进取的学习热情。

4. 通过“徒步万安山”磨砺之旅主题实践活动，磨炼学生意志，增强学生体质，培养学生的吃苦精神和应对挫折的能力。

5. 形成有特色的主题实践成果，丰富学校校本课程。

【适用年级】

高中一年级、二年级

【活动准备】

1. 组织机构。

学校成立以校长为组长，副校长、政教主任、教务主任为副组长，高中部全体班主任及教师、校医为成员的领导小组。组织制订主题实践活动总方案，并协调与家长委员会、相关部门的关系，确保“清华研学”之旅和“徒步万安山”磨砺之旅主题实践活动的顺利实施。

2. 组织形式。

以班级和小组为单位，由班主任和两名配班教师具体负责组织。

3. 物质准备。

（1）活动有队旗，各班有班旗，安排好旗手人选。

（2）各班统一服装，并专人负责。

（3）学生准备好相机、手机，在参观学习过程中拍照留念。

4. 活动方案。

（1）制订洛阳华洋国际学校女子高中“清华研学”之旅行程指南，规划好研学内容，提出注意事项。

（2）制订“清华研学”之旅安全预案，保障乘坐各种交通工具的时间节点及安全。

（3）制订“徒步万安山”磨砺之旅活动详案。

（4）制订“徒步万安山”磨砺之旅安全预案，做好交通、医疗等方面的规划与准备。

【活动过程】

1. 宣传动员。

（1）提前一天召开动员会议，由班主任组织全班同学认真学习活动方案。

（2）出发前举行主题实践活动启动仪式并由领导讲话，调动学生的参与热情，并向全体参与学生提出要求。

2. 具体实施。

（1）学生根据统一安排按班级或者小组活动，听从组长的指挥，并及时与班主任和配班老师交流联系。

（2）增强安全意识。要求学生有必要的安全意识，提高自我保护能力。加强与家庭、老师的沟通与联系，确保人身安全。

【活动总结】

“清华研学”之旅活动让学生走出校门，走进大学，在参观体验中参与活动，开阔视野，培养科学精神，明确理想与目标，提升实践能力和精神境界。尤其是徜徉在学生们向往已久的清华园，追寻着大师的足迹，和大师进行心灵的对话，怎不让她们逸兴遄飞、激动万分呢！清华研学，学生们愉悦了、思考了，在兴奋中增长见识，在自豪中迅速成长。

“徒步万安山”磨砺之旅活动中，学生们克服了种种困难，步行13公里，胜利攀登到山顶。徒步过程中，大家团结友爱、互帮互助、自律守纪、坚持不懈，不仅学会了分享、尊重与合作，而且磨砺了意志，增强了责任担当意识，提升了人际交往能力、协作能力、组织能力及适应环境的能力。“徒步万安山”磨砺之旅主题实践活动让学生们感受到了大自然的神奇与美妙，灵魂上受到了大自然的洗礼，展现了我们女高学子的良好素养和朝气蓬勃的精神风貌。

我们的主题实践活动重视过程体验，扣动了同学们探索知识与社会的心弦，逐步培养了适应个人终身发展和社会发展需要的必备品格和关键能力，为学生们适应社会发展奠定良好的基础。实践活动中学生们的自律、坚强、担当，不正是我校八月“品格花”桂花“朴实无华，香满天下，脚踏实地，启智求真”的花语的体现吗？

【活动延伸】

1. 撰写主题实践活动论文和随笔。

2. 清华研学活动评优结果：优秀小组 5 个，优秀营员 37 人，优秀论文 32 篇，优秀随笔 28 篇，优秀摄影营员 39 人。

3. 编辑《2017 女子高中社会实践活动“清华研学”之旅》和《2017 女子高中社会实践活动“徒步万安山”磨砺之旅》优秀文集。

（洛阳华洋国际学校　韩昱　李翠霞）

附：“清华研学”之旅部分学生优秀作品

“清华研学”让学生们走进清华大学，走进梦想中的清华园，轻嗅书香，聆听大师的足音，近距离接触高新科技，开阔了视野，感受良多。学生们用论文和随笔写出了她们的心声，让我们追随这些文字，分享她们的快乐与收获，感受她们的成长。

“清华研学”助力我的梦想

偶然机会，我与清华大学的一位在校姐姐有了一次简短的交谈。

我难掩钦佩：真羡慕你啊，清华的学霸。

学霸姐姐露出深藏功与名的微笑：没什么好羡慕的，只要你努力，你也可以来这里。加油吧，我在这儿等着你。

转身离开，留下的是潇洒的背影，我还在原地激动并感慨。

是啊，清华的人是不吝惜努力的人，清华也是一个让努力有回报的地方，是一个可以无悔地挥洒汗水、放飞梦想的地方，是一个让无数学子梦寐以求的地方。

清晨，阳光熹微，垂柳轻拂，湖面涟漪，伴随着清脆的自行车铃声，三两成群，迎着初升朝阳，迎着鸟语花香，清华学子走向了新的一天。清华也在这富有希望、富有朝气的时代，书写历史新篇章。

再游清华，感慨颇多，不知是否有幸，经年之后，融入清华新时代？

（洛阳华洋国际女子高中 1601 班 杨璐）

难忘的研学旅行，感叹与收获并存……

登高始见万物，积跬方至千里。走进清华学堂，最令我感慨万千的便是他们的校训——自强不息，厚德载物。走在清华校园里，随处可以见到清华学生骑着自行车穿梭在校园里。他们无时无刻不在讨论着研究、发明、论文和出国。他们沉浸在学习的王国里，脑袋里思考着、计算着。他们对学习的态度，对科学的钻研精神是可敬的。所以我们与他们之间，与那些学霸之间的差距在哪儿呢？答案就在这儿，对于学习的狂热与用不完的劲。看到这儿，我不由得想起朱镕基总理对母校的一句话：“水木清华，春风化雨，教我育我，终生难忘。”

我会永远记住这次研学旅行，将所见之景、所感之情印刻在心里，永不忘记。

（洛阳华洋国际女子高中 1601 班 杨璐）

附："徒步万安山"磨砺之旅部分学生优秀作品

13公里的徒步，登山的艰难，无一不是对这群十五六岁的女孩子的考验与磨砺。挑战面前，她们用自己的脚步丈量远方的路，她们用团结互助攀登高峰。"徒步之旅"是一个平台，她们在这里展现坚强与友爱；"徒步之旅"是一个舞台，她们绚丽的"舞蹈"展现了青春的风采。花季的女高学子，不要觉得自己做不到，想做就一定能做到，青春就在你们的脚下绽放。

磨砺之旅中遇见更好的自己

从头开始，到达山顶，回到最初。这一路，虽艰辛，但让我懂得了许多。登山犹如学习，最重要的莫过于坚持。虽然过程中有许多挫折和不如意，但那都是你到达山顶后回忆和品味的资源。要学会珍惜挫折，因为它总是让我们在无形中学会一些技能或者打败自身的缺点。

照片会褪色，字迹会模糊，砖瓦会腐蚀。百年之后，除了风声依旧，你与我都早入流沙，散于风里。期盼他人留念，倒不如在经历风景时，用更多的心思去珍惜铭记。愿你我都记得这青春路上的磨砺之旅。在这次磨砺之旅中遇见更好的自己。记得，就是最好的证明。

（洛阳华洋国际女子高中1603班　李怡）

万里征途，始于徒步

信念成了我的动力，就没什么可畏惧的了。终点依旧遥远，我却愿意和同伴们一起砥砺前行。沉默中，前行着，坚持着。四周是怪石嶙峋，茂林修竹，脚下是层层阶梯。直到到达狮吼崖，我才发觉，原来距离山顶不过咫尺。再走几步，就成功了。加快了脚步，不断在心里默念，还有一步，就一步。石亭就建在顶峰上，而我，已经步入了石亭。

终于战胜了心底那个一直说“不可能”的声音，登临万安山顶，一览洛城美景。漫漫长路，终是要自己去丈量。苦心人天不负，三千越甲可吞吴。从来没有你做不到的，只是你愿不愿做。纵然万里征途，也是始于足下。

（洛阳华洋国际女子高中 1602 班　郭梦佳）

【专家点评】

主题实践活动是提高学生核心素养的一项重要举措，是课堂教学的延伸扩展，也是社会实践的崭新要求。实践活动要注意主题选择和线路安排都应与教育教学目标紧密融合。首先是立意高远，紧跟新时代国家的发展目标，把培育创新精神放在首位，努力让实践活动根植于“活土”，有本有源。其次是全面加强学生的综合运用、动手实践、解决问题的能力，促使课本知识与实践操作融会贯通。最后是始终坚持立德树人的根本任务，将研究实践活动作为加强未成年人思想道德建设的重要载体，使活动历程成为道德实践的过程，成为文明素养展示的过程。

高中部开展的以“读万卷书，行万里路”为主题的“清华研学”之旅活动和以“亲近自然，磨炼意志”为主题的“徒步万安山”磨砺之旅活动，全面推进了主题实践活动的实施。实践活动是用眼睛去发现自然之美的旅程，用双脚去接受大地与自然考验的探险，无论是逆向的风、炙热的阳光，还是肌肉的酸楚，这都是在邂逅自然之美，登上山顶、“一览众山小”之前必须经受的磨砺，当樱花香味扑面而来，当金灿灿的油菜花随风摇曳，当你与现代科技不期而遇，当你踏着大师的足迹前行，当你忘却疲惫被身边的自然之美、科学之光迷恋住时，你已经找到了实践活动中最大的宝藏。

让学生在经历中感受，在感受中成长，这是实践活动最大的优点，也是对课堂教学最有益的补充。

（河南省特级教师　秦生）

九月　目标月："启蒙拜师礼"主题班会

【班会背景】

孩子刚上一年级，来到一个全新的环境，从宽松自由的幼儿园进入有规矩、有节制的小学，从思想到身体都需要一个过渡。为了给一年级新生营造充满温馨的大家庭氛围，表达对新生的热烈欢迎，使孩子初步了解自己的学校，激发对学校的热爱，使他们能在学校的大家庭里愉快地学习、生活，特举行"迈好成长第一步，快乐生活每一天"一年级"启蒙拜师礼"主题班会，开启小学生学习成长的第一课。

【班会目的】

"九层之台，起于累土；千里之行，始于足下。"希望启蒙拜师礼成为孩子们学习、做人的始基，让孩子们懂得感激"传道授业解惑"的浩荡师恩。

【适用年级】

小学一年级

【班会准备】

1. 提前让学生练习启蒙拜师礼的正确动作：双手抱拳，左手压右手，身体站直，行 90° 大礼，腿部不能弯曲。

2. PPT 准备、背景音乐准备、"朱砂开智"的物品准备、学生纸笔准备。

3. 选取主持人，熟悉并背诵主持词。

4. 提前通知班级家长来参加班会，家长准备祝福卡片。

【班会过程】

第一篇：宣布仪式开始

主持人 1：尊敬的老师、各位叔叔阿姨、亲爱的同学们，大家好！今天是我们班的第一次班会活动，这次班会是我们大家期盼已久的，因为今天要举办一个对我们非常重要的仪式，只有通过这个仪式，我们才能成为一个真正的小学生。那大家要问我了，是什么仪式这么特别？那就请 ×××（主持人 2）为我们介绍一下吧！

主持人 2：我们中华民族有着悠久的文化传统，尊敬师长、孝敬父母一直是我们传承的美德，“启蒙拜师礼”是我国古代就有的一种启蒙学习仪式，通过这种庄重的仪式，让刚入学的一年级小朋友真正感受到入学是人生中的一件大事，是开始学习、走向成才的起点，以此激励同学们勤奋学习、尊师孝亲。

主持人 1：下面请班主任老师致辞！

班主任：《管子》曰：“仓廪实而知礼节，衣食足而知荣辱。”中华民族是一个知礼明理的民族，我们作为新一代的小学生，更要明白“礼”的内涵，传承“礼”的仪式。今天，我们班要举行“启蒙拜师礼”活动，这是个值得纪念的日子，为此我特别请来了同学们的爸爸妈妈为你们作见证。下面我宣布 ×× 班“启蒙拜师礼”活动现在开始！

第二篇：启蒙拜师礼

第一项：正衣冠

主持人 1：《论语》曰：“不学礼，无以立。”礼仪之始在于先正衣冠，而后明事理。穿戴整洁，一可以展示一个人良好的精神面貌；二可以表示查找自己的不足，干干净净地做人。仪式第一项：正衣冠！

（同学们整理自己的衣冠）

第二项：行拜师礼

主持人 2：老师的工作平凡而伟大，老师的工作繁忙而充实，老师的工作辛苦而琐碎。我提议，让我们全体起立，向我们尊敬而又可爱的老师行拜

师礼，来表达我们对老师的敬意。仪式第二项：行拜师礼！（教师走上讲台）

主持人1：请全体同学抱拳，一鞠躬，说："老师，您好！"

（学生抱拳向老师行礼，齐声说："老师，您好！"老师抱拳回礼）

主持人1：二鞠躬，说："老师，您辛苦了！"

（学生抱拳向老师行礼，齐声说："老师，您辛苦了！"老师抱拳回礼）

主持人1：三鞠躬，说："老师，我们爱您！"

（学生抱拳向老师行礼，齐声说："老师，我们爱您！"老师抱拳回礼）

主持人1：礼毕！

主持人2：深深三鞠躬，代表着我们对老师的尊敬，代表着我们对老师的感谢，也代表着我们对今后学习生活的期盼。从今天起，我们要好好学习，努力刻苦，以最好的状态来感谢老师、回报老师！

第三项：朱砂启智

主持人1："以水为镜整衣冠，朱砂开启读书智。"在古代，学童入学读书前，都会由老师用毛笔蘸上朱砂在孩子们的额头正中点上红痣，称为"开天眼"。"痣"又通 "智"，意为开启智慧，以此寄托美好的祝愿，祝福孩子从此眼明心明，好读书、读好书，做一个有智慧的人。仪式第三项：请老师们为同学们"朱砂启智"。（教师拿起朱砂为同学们点痣，配音乐）

第四项：开笔启蒙

主持人2："世界上有一个伟大的国家，她的每一个字，都是一首优美的诗、一幅美丽的画。"大家猜一猜这是哪个国家，对，就是中国。中国汉字起源于汉民族的劳动与生活，正是有了文字，中华民族五千年的历史文化才得以传承。今天，老师要教我们写第一个字——"人"字。下面请老师为我们"开笔启蒙"。

（老师边写边说）一撇一捺是个"人"字，虽然简单，但包含着很深的寓意。人生的启蒙阶段，要先学会做人，知道做人要堂堂正正立身，要像"人"字那样顶天立地。同学们写字时要做到"头正、身直、肩平、臂开、足安"。

（背景音乐起，学生写字，老师指导写字）

主持人2：做人要堂堂正正、顶天立地，究竟要做一个什么样的人，需要我们用一生去努力。

第五项：送祝福卡

主持人3：有一群人，带给我们生命；有一群人，默默爱着我们；有一群人，关注我们成长；有一群人，期盼我们安康。他们就是我们的父母。在这个特殊的仪式上，我们的爸爸妈妈也要送上他们的祝福，请同学们行礼，接祝福卡。

（家长写下对孩子的祝福，送给孩子；学生行礼，接祝福卡）

第三篇：感念师恩

环节1：诗朗诵《献给敬爱的老师》

主持人4：人生，需要小小的仪式，让我们的生命显得庄重。通过今天的启蒙拜师礼，同学们都已经成为一名真正的小学生了。相信同学们都已经明白小学生的职责，今后也一定会努力学习，认真听老师的话，回报老师，报效祖国！在这金色的九月，收获的季节，我们最应该感谢的人是老师。下面请欣赏同学们带来的诗朗诵《献给敬爱的老师》，表达我们内心对老师的爱。

生1：老师像什么？

生2：老师像红烛，照亮了知识的路程。

生3：老师像什么？

生4：老师像春雨，把点点滴滴的知识撒在我们的心里。

生1：老师像什么？

生2：老师像园丁，把幼小的我们培育成一棵棵参天大树。

生3：老师像什么？

生4：老师像一把金钥匙，带领我们打开知识的宝库。

生1、2：老师像什么？

生3、4：老师像我们的妈妈，天天陪伴在我们身边，关心我们，爱护我们。

合：是老师教给我们丰富的知识，是老师教给我们做人的道理，在这里我们要祝所有的老师永远年轻、漂亮。我们要对老师说："老师，您辛苦了，谢谢您！"

全体同学鞠躬，齐声：“老师，您辛苦了，谢谢您！”

环节 2：合唱《每当我走过老师的窗前》

主持人 4：“老师，您辛苦了。”一句简单的话语承载了同学们的情谊，九月的老师可敬可爱，九月的歌声甜美动人。下面有请全体同学合唱《每当我走过老师的窗前》。

（全体同学齐声合唱，表达对老师的感谢之情）

主持人 4：此时此刻，我们的教室充满了爱，充满了温暖，充满了幸福。同学们认真地行礼、动情地歌唱，打动了在场的每一个人。我们的老师早已湿润了眼睛，相信老师也有很多话要对大家说吧。下面让我们请班主任老师作总结，大家热烈欢迎！

【班会总结】

班主任：这是我们入学以来的第一次班会，我相信也会是你们学习生涯中最有意义的一次班会。因为今天，我们共同完成了一个神圣的仪式，同学们成了一名真正的小学生，开启了智慧的大门，踏上了学习的征途。听到你们的诗朗诵，听到你们的歌声，老师流泪了，这是感动的泪水，这是幸福的泪水。老师感受到了你们对老师深深的爱，我想说，老师也爱你们。今后我们就要在一起生活、学习、成长了，我就是你们的妈妈，我就是你们的朋友，有困难时我们一起努力，有快乐时我们一起分享。老师相信我们一定会成为相亲相爱的一家人，也相信你们在感恩的陪伴下会越来越棒！

【班会延伸】

1．感恩身边的人，为他们做力所能及的事。

2．说出自己的参礼感受，让爸爸妈妈帮助整理并展览。

3．家长记录自己的观礼感受，整理展览。

（洛阳华洋国际学校小学部　张琳）

【专家点评】

尊师重教是我国的优良传统。老师能够在九月十日教师节之前，举行一年级新生“启蒙拜师礼”第一次主题班会，无疑是抓住了教育的最好契机。史铁生说，人生需要一些小小的仪式，让我们的生命显得庄重。本节主题班会，通过“正衣冠”“行拜师礼”“朱砂启智”“开笔启蒙”等设计，环环相扣，仪式感强，把“尊师”的种子潜移默化地种在了孩子们的心田，同时也让老师有了深深的责任感。本次主题班会，还邀请了家长观礼，设计了父母为孩子“送祝福卡”这一环节，通过孩子行礼接卡，再一次对学生进行礼仪教育，内容贴切，场面感人。相信这样的启蒙拜师礼，一定会在孩子们心中留下难以忘怀的美好印象。

（河南省特级教师　张华）

十月　爱国月：“祖国在我心中”主题班会

【班会背景】

爱国是公民起码的道德，是中华民族的优良传统，是推动中国社会不断进步的精神动力，也是公民践行社会主义核心价值观的基本要求。而中学生正处于青春期，情感波动大，因此他们的爱国情感容易表现极端，或激进或漠视。我们学校教育就是要根据青少年身心发展的特点和规律，培养他们正确的人生观、价值观和世界观。以此不断增强他们的民族自尊心、自信心和自豪感，努力培养和造就有理想、有道德、有文化、有纪律的德、智、体、美、劳全面发展的社会主义建设者和接班人。

【班会目的】

1. 通过回顾中国历史的辉煌、耻辱与崛起，激发同学们的民族自豪感和爱国热情。

2. 通过小组活动，培养学生对祖国的热爱之情。

3. 这次班会让学生珍惜现在的和平生活，珍惜宝贵的青春年华，勤奋读书，努力拼搏，报效祖国。

【适用年级】

初中各年级

【班会准备】

1. 制作课件展示中国辉煌成就、近代屈辱历史和复兴崛起的照片。

2. 进行团体活动分组、排练。

3. 准备相关音乐及视频。

【班会过程】

步骤一：营造气氛

环节 1：展示中国版图，请同学们自选一方面（自然或人文）简介自己的认识

（请三个学生介绍）

师：从同学们的介绍中，我们感受到了祖国的地大物博、历史悠久，也感受到了同学们对祖国的热爱。是啊，天安门前国旗冉冉升起时，我们会肃然起敬；运动场馆里国歌响起时，我们会热血沸腾；异国他乡里听到祖国的名字，我们会无比亲切；祖国取得每一点进步，我们都会为她自豪。这就是对祖国的热爱，是我们每一个中国人内心最真挚的情感，这就是爱国主义。今天我们将通过“祖国在我心中”主题班会来重温祖国的历史，向我们亲爱的祖国献上我们最诚挚的祝福。

环节 2：请全班同学起立，齐唱《国歌》

步骤二：主题实施过程

环节 1：追溯历史，弘扬民族精神（PPT 展示）

甲：有一种自豪叫“文明古国”。

中国五千年的历史文化浩如烟海。中华儿女用自己的勤劳和智慧，缔造了强汉盛唐，引领了世界风骚。学术思想上，文明的土壤中诞生了孔子、孟子为代表的儒家思想；文化的花园里绽放了“诸子百家”。政治制度上，秦始皇统一中国，创建了高度中央集权的政治制度，开创先河，使我国成为世界政治革新的前锋；张骞出使西域，又使中国的影响力得到新的提升。时至隋唐，中国达到了高度的繁荣。我们的文化影响了周边邻国，向中原派遣遣唐使学习中国文化，成为当时的潮流。何等风光啊！中国文化推动着世界文明的进程。

（图片展示我国古代四大发明，秦统一六国，唐朝盛世景象，元、明国力的强盛，丝绸之路）

乙：有一种心痛叫“列强入侵”。

自鸦片战争以来的百余年间，在西方列强坚船利炮的威逼下，中国门户洞开，渐渐落后。曾几何时，悠久灿烂的文明古国竟腥云笼罩，狼犬遍野。英国人来了，用枪炮迫使大清割让香港岛、九龙半岛界限街以南地区；英法联军来了，火烧了圆明园；日本人来了，强占了台湾宝岛；八国联军来了，拉走了一船又一船的黄金白银……那时的中国如同病入膏肓的病狮，面对一次次侵略，只能割地、赔款、求和……尤其到民国时期，日本侵略者更是对泱泱中华犯下滔天大罪，“九一八事变”“卢沟桥事变”“南京大屠杀”……屈辱的中国在流血，中国百姓在流血。面对列强的欺凌，中国人奋起抗争，书写了一曲曲抗争的篇章。

丙：有一种精神叫“爱国主义”。

国运沉沦的近代，硝烟弥漫的乱世，我们的中国病了，但是无数仁人志士却以爱国为崇高之志，以报国为终生之责拯救这病重的母亲。从孙中山到陈独秀，从林觉民到秋瑾，从李大钊到毛泽东，为了雪耻报国振兴华夏，为了中华崛起腾飞于世界，他们怀着对祖国的热爱，以天下苍生为念，牺牲小我为天下人谋幸福，用生命践行着爱国主义精神！爱国主义，中华民族之魂，是它支持着中华儿女浴血奋战，驱逐了列强，夺回了失地。1949 年 10 月 1 日，当毛泽东在天安门城楼上向世界发出最雄壮的声音“中华人民共和国中央人民政府今天成立了”时，亿万中华儿女终于挺直了腰杆，迎来了新生。中华人民共和国的成立，让我们逐步甩掉了积贫积弱的帽子。中国综合国力的飞速增强，让我们再一次在世界舞台上扮演着重要的角色，中国又在人类进程中发挥了举足轻重的作用。

（PPT 展示有关中华人民共和国成立、第一颗原子弹爆炸成功、中国载人飞船上天、运动健儿夺金等图片）

教师小结：中华民族是一个伟大、坚强的民族，在五千多年的历史中，我们创造了璀璨的文化，形成了以爱国主义为核心的团结统一、爱好和平、勤劳勇敢、自强不息的伟大民族精神。它是中华民族五千年生生不息、发展壮大的强大精神动力，也是在未来岁月里薪火相传、继往开来的强大精神动力。

环节 2：小组活动，谈理性爱国

主持人：下面用 PPT 展示问题，各小组分组讨论后，请同学们举手发言。

1. 你如何看待当今一些人“打砸日系汽车”“辱骂日本人”“抢砸韩国超市”等这些所谓的爱国行为？

2. 你认为和平时代作为中学生的我们该如何爱国？

（学生交流讨论）

教师小结：和平时代的爱国，是为祖国做好自我。我们是新时代的青少年，肩负着祖国未来发展和壮大的历史使命。学习、生活中，不随便跟风，不做损害祖国利益的事，坚决维护国家形象和主权统一，是我们的义务和责任！同学们，学习社会主义核心价值观，树立正确的爱国主义思想，让我们一起行动起来，共同描绘祖国美好的明天吧！

环节 3：吟咏诗歌，表爱国深情

主持人：通过讨论，我们明白了作为新时代的青少年，我们应当传承中华民族的传统文化，爱家乡，爱人民，爱我们身边的一草一木。我们也应该有兼收并蓄的思想，正确对待外来文化，敢于创新。抓紧当前美好青春时光，努力学习，用科学知识武装自己，报效我们的祖国。今天，让我们在这里尽情抒发对祖国的深情厚谊吧。

1. 小组展示

学生 1：中国，傲然屹立在世界的东方，它拥有五千年的悠久历史，是世界上一颗璀璨的明星。作为一个中国人，我们应该感到骄傲。我们组用诗歌朗诵的形式，表达对祖国母亲的祝福。下面请欣赏我们组带来的诗歌朗诵《我骄傲，我是中国人》。

学生 2：是啊，我骄傲，我是中国人，感谢第一组的精彩朗诵。俗话说：水有源，树有根，中华儿女都是龙的传人，黄皮肤，黑眼睛，即使身在他乡，也改变不了我们的中国心！我们组用歌声来表达我们的心声。请欣赏我们给大家带来的歌曲《龙的传人》。

2．各小组形成自己的“爱国宣言”，汇总整理后形成班级的“爱国宣言”

主持人：下面请同学们起立，举起右拳，跟我一起朗读“爱国宣言”。

【班会总结】

时代在前进，历史在发展，新的时代在呼唤着青年，全面建成小康社会的伟大事业，需要一批具有民族精神的高素质人才。而我们青少年，是祖国的未来、民族的希望，是社会主义建设事业的生力军。那就让我们把祖国放在心中，牢记使命，强大自己，将来为祖国美好的明天贡献力量。

结束音乐：《我的中国心》。

【班会延伸】

1. 将班级“爱国宣言”张贴在墙上，培养学生的爱国情怀，让其也成为班级的一种文化。

2. 以“我的中国心”为题写一篇 600 字左右的作文，进行班级展览。

（洛阳华洋国际学校初中部　张小分）

【专家点评】

“爱国、敬业、诚信、友善”是公民基本道德规范，是从个人行为层面对社会主义核心价值观基本理念的凝练，是公民必须恪守的基本道德准则，也是评价公民道德行为选择的基本价值标准。爱国是基于个人对祖国依赖关系的深厚情感，也是调节个人与祖国关系的行为准则。本次班会从小处着眼，但又能从容地升华到核心价值观层面，寓教于班会，真正地激发了同学们的民族自豪感和爱国热情。

（洛阳市优秀教师　张洁）

十一月　安全月："争做安全小卫士"主题班会

【班会背景】

安全教育是学校教育的重要组成部分，关系到每一个学生的切身利益。小学生具有生活经验少、好奇、爱闹的特点，在开展对学生安全教育的过程中，口头教育、言语警示往往停留在表面，不能令其对不安全因素产生深刻的认识，造成"天天说，没效果"的尴尬局面。为增强学生校园安全意识，提高学生的主动实践能力，结合《中小学综合实践活动课程指导纲要》，在我校 12 个品格月之"安全月"开展以"校园安全"为主题的活动，让学生了解校园中的安全隐患，切实提高学生的安全意识，以此设计此次班会。

【班会目的】

1. 使学生在生动活泼、形式多样的自主探究活动中，增强安全意识。

2. 激发学生通过亲身体验与实践观察身边的安全隐患，思考并分析原因，寻找科学的防范、自救办法。

3. 通过小组合作，培养学生团队合作、团队协调能力。

4. 使学生获得丰富的经验及安全知识，促进其产生积极的价值体认，在生活中自觉担当"校园安全小卫士"。

【适用年级】

小学中年级、高年级

【班会准备】

1. 围绕"校园安全"主题展开讨论。学生讨论，各抒己见，提出自己感兴趣的研究方向。经过筛选整合，组成以下小组：求生组（灾害自救）、"挑食"组（食品安全）、"督导"组（日常行为规范）、新闻组（安全事故调查及采访）。

2. 学生根据自己的兴趣选择小组，小组内评选组长，制订小组活动计划。

3. 采用多种形式进行相关资料搜集，并进行整合。

4. 确认小组成果展示形式，小组内准备展示材料或排演节目。（注：准备时间大概两周）

5. 对教室进行布置，使其符合班会情境。

6. 提前整合各小组汇报材料制作 PPT。准备主持词，培训主持人。

【班会过程】

开篇

甲：有一根弦，它时刻响在耳边；有一根弦，它联结着我们的生命线。它的名字——

合：叫“安全”！

乙：安全，维系着我们每个家庭的幸福美满；安全，关系着我们每个人的健康发展。

丙：可是，我们也常常听到这根弦崩断的声音。

甲：安全教育刻不容缓！

乙：下面我宣布：莲塘班“安全月”系列实践活动之“争做安全小卫士”主题班会——

合：现在开始！

篇一：安全隐患大排查

（新闻组汇报活动一：播放新闻组对学校学生的随机采访视频。采访主题：你认为学校有安全隐患吗？很多学生认为学校很安全，不会有任何问题；有的学生认为要自己多注意安全）

甲：看来还是有很多同学没有重视校园的安全隐患。

丙：不注意防范的代价是惨烈的。你们听！（背景音乐：《新闻联播》）

（新闻组汇报活动二：学生剪裁好“电视框”，“主播”坐在桌子后）

主播一：各位观众朋友，早上好。

主播二：今天是 2018 年 1 月 18 日，星期四。欢迎收看华洋早间新闻。

主播一：今天节目的主要内容有：湖南湘乡市育才学校发生学生踩踏事

故，8 名学生在事故中死亡，26 人受伤。

主播二：台湾省一名 12 岁女生，因坐下时被同桌恶作剧抽掉凳子磕住头部，导致下肢瘫痪。

主播一：濮阳县某小学发生踩踏事故，造成 1 名学生死亡，多名学生受伤。

主播二：洛阳某小学一名四年级学生在寝室和同学打闹，不慎从上铺跌落骨折。

主播一：今天的播报到此结束，感谢您的收看。愿您重视安全，幸福平安。

甲：一个个案例真是触目惊心！

乙：是啊，校园是我们共同学习、生活的家园。在校园里，我们更要注意安全。

丙：在前两个星期的调查实践阶段中，我们共收集到了“安全隐患调查表”15 份，请大家看大屏幕。（表格示例）

地点	可能的隐患	解决设想
宿舍门	向外开的宿舍门开门时用力过猛可能会碰上外面的同学	轻轻开门，小角度开门

甲：大家真善于发现问题。“督导”组的同学还将我们日常行为规范编成了节目。下面请欣赏快板——《戴好“安全帽”，规范记心中》。（“督导”组汇报表演）

乙：是啊，团结礼让放心上，人人争做好榜样，我们一定牢记规范，不要让悲剧再度上演！

篇二：我会“挑食”我健康

甲：你爱吃零食吗？

丙：零食谁不爱啊！

“挑食”组汇报学生（穿着白大褂上台）：我最爱吃辣条。你看，我还带了一包。

丙：不行不行！（小声，使眼色）老师还在呢！

“挑食”组汇报学生：哈哈，今天我可不是带给你吃的，是我们“挑食”组要给大家做个小实验。

（做实验：辣条泡在开水里，慢慢褪色变白，发涨，变成了糊状，味道刺鼻。“实验员”在所有人面前走一圈，大家摇头惊呼）

“挑食”组汇报学生：来，丙兄，实验剩下的送你了。

丙（连连摆手）：不用不用，我再也不吃了。

（“挑食”组解释原理，讲述食品安全知识）

篇三：灾难面前我自救

（求生组汇报表演：宿舍刚熄灯，同学 A 突然闻到一股烧焦的味道，发现窗帘后面电线处出现亮光……A 大喊：“快端水来，着火了！”B 说：“快用毛巾捂住嘴。”C 说：“毛巾要湿了才行，多弄点水说不定还有用。”D 摸着墙向外跑去）

甲：同学们，他们的做法对吗？（学生回答）

（求生组做火灾来临如何自救总结）

篇四：校园安全我献策

丙：大家的汇报都太精彩了！经过这次班会，我觉得我也成校园安全方面的专家了。

甲：是啊，不过，我们应该自觉成为“安全小卫士”，不仅自己要做好，更要提醒同学身边有安全风险的事件。

乙：是啊，相信通过这次活动，大家对“校园安全”都有了更深刻的认识。

丙：大家还有什么好的方法来促进校园安全吗？

生 1：我觉得可以用欢快的上课铃声，提醒大家不要拥挤，要慢行。

生 2：设立安全宣讲员，每周宣讲安全知识。

生 3：最直观的就是设立标志牌了。

甲：你的提议太好了，那么，就让我们动起手来，给我们美丽的校园定制“安

全标志牌”吧。（学生用纸笔做标志牌）

尾篇

甲：美好的时光总是过得飞快。

乙：是啊，成长需要健康，需要我们用心去守护。我宣布：莲塘班“争做安全小卫士”主题班会——

合：到此结束！

【班会总结】

这次班会活动，班级通过新闻播报、快板表演、情景剧等多种形式，展示了实践活动的成果，大家的准备都很充分，表现都很精彩。在活动中，学生不仅收获了知识，更懂得了合作的重要性。安全，它不仅仅是一种口号，更是一种行为准则。一次安全的维护，就是一次生命的绽放。学生最后的总结很精彩，不仅要自己懂得安全知识，更有责任主动宣传安全知识，制止他人的危险行为。这体现了活动对学生形成正确价值观和培养责任感的教育目的。教师“隐身”于整个活动，却又参与、引导了整个活动。我认为，在实践阶段自己干预的还有点多，下次可以放手让学生独立去完成实践，并给予精准评价指导。

【班会延伸】

1. 评选“最佳表现小组”“最佳合作小组”“最佳小组长”，并颁发奖励品。

2. 完成标志牌的制作并申请“立牌”。

3. 为学校写一封“安全倡议书”。

（洛阳华洋国际学校小学部　于芳琳）

【专家点评】

主题班会是班主任对学生进行思想教育的重要形式，能充分发挥集体的智慧和力量，激励每个学生参与其中，从而受到一定的教育与熏陶。班会从“安全隐患大排查”这一环节入手，让学生结合本校实际，自己发现校园内存在的安全隐患，然后再结合全国各地发生的重大安全事故，用“新闻播报”的形式呈现给学生。那些触目惊心的图片和数字，给学生的内心带来巨大的冲击，为学生敲响了安全的警钟。本节班会自始至终围绕“成长与安全”这一主题，通过“灾难面前我自救”“校园安全我献策”“安全倡议书”等环节，说、学、做结合，珍爱生命，知行合一。通过本节主题班会，学生们懂得了生命的健康成长必须有安全做保障，达到了预期的教育目的。

（河南省特级教师　张华）

十二月　法治月：“学法　知法　守法”主题班会

【班会背景】

面对社会上的犯罪，女孩子特别是处于青春期的女孩子往往是受害群体之一。我们学校是一所女子高中，学生们平时在家里都十分的娇惯，个个是家中的千金。这个时期的女孩子天真善良，对法律认识的缺乏正是她们成为受害对象的原因。那么，怎样才能预防青春期女孩子不受伤害呢?

认真学习法律知识，在知法、守法的基础上，运用法律武器保护自己不受伤害是非常必要的。

【班会目的】

1．培养学生的基本法律意识，帮助学生树立守法观念。

2．增强学生的自我保护意识，让学生了解并知道如何运用法律的武器来保护自己。

3．通过案例分析与学生的讨论增强学生的法制观念。

【适用年级】

高中女生教育

【班会准备】

准备一些法制案例，让学生了解犯罪类型。

【班会过程】

环节 1：导入

准备一些视频供学生观看，学生在观看视频时思考以下问题：

视频中涉及哪些违法犯罪行为？如果你是故事的主人公，遇到这种情况该怎么办？

2014 年的几则新闻：

8 月 4 日，自贡 23 岁的女孩小徐受干爹邀请去创业，失联。

8 月 9 日，20 岁的女大学生小高在重庆“搭错车”失联，之后不幸遇害。

8 月 28 日，江苏吴江 19 岁女大学生小秋失联半个月后确认遭抢劫被杀害。

8 月 29 日，成都一刚毕业的女大学生小雪失联。

8 月 30 日，山东农业大学大四女学生小林失联。

9 月 1 日，19 岁女大学生小曾返校转车时离奇失踪。

9 月 2 日上午，22 岁女大学生小张从郑州惠济区家中出发，前往开封河南大学。平时到校后会向家人报平安的她，当晚突然失联。她的母亲王女士称，女儿在河南大学民生学院学英语，今年大四，离家时身上带了 1.5 万元现金。

2018 年的几则新闻：

1 月 3 日，宁都县思源学校学生郭某红、温某红、何某露、何某婷、温某玉、郭某、黄某等 7 名女生怀疑同班同学曾同学（被打女学生）向老师举报她们吸烟，于是在就寝期间，对曾同学进行殴打、踢踏。

11 月 2 日，北京市西城区人民法院的未成年人法庭，宣判了一起校园欺凌案。5 名犯罪时未满 18 岁的被告人分别被判处有期徒刑。2018 年 2 月 28 日下午 3 点到晚上 10 点之间，在北京市西城区某职业学院内，女学生朱某伙同另外 4 名女被告人在学校女生宿舍楼内，采取恶劣手段，无故殴打、辱骂 2 名女学生，并拍摄视频，事后还在自己的微信群内小范围传播，其中 1 名被害人，当天先后被殴打了 3 次。

教师明确：

在上述的新闻中，新闻的主角都是女性，但她们既是受害者，也是施害方，这些故事离我们都不遥远。我们生活在一个法治的社会里，法律可以保护我们，也需要我们人人去遵守。

在我们的生活中，我们怎样远离违法犯罪？怎样防患于未然？怎样举起法律的武器来保护自己？

今天，我们一起来探讨这个问题。

环节 2：我们身边的法律常识竞答

设计说明：这个环节意在引导学生“知”法。教师设计法律小常识问答题，学生竞赛看谁知道的法律常识多，最终评选出“知法小博士”。

环节 3：案例研讨

案例一：2011 年 10 月 14 日凌晨，朝阳县某镇学校发生一起入室强奸案。遗憾的是，那位男青年在作案时，宿舍里有 9 名女生，但没有一个人大喊呼救。

教师：同学们，你们怎么看待这件事？你们对施害人持什么态度？你们对被害人持什么态度？你们该如何防范此类事件的发生？

（分组讨论，各小组派代表发表各小组观点）

教师明确：

1. 受到了性侵害，要尽快告诉家长或报警，切不可因害羞、胆怯延误时间，丧失证据，让罪犯逍遥法外。

2. 晚上睡觉之前，牢记关窗锁门。晚上上完厕所后回到宿舍，也一定要牢记锁门。

案例二：2012 年年初，陕西西安一名 15 岁女生放学回家后，声称到同学家做作业，离家出走，去见一个在网上认识不到 1 周的网友。1 年后被广州公安送回家时已经怀孕流产 2 次并再次怀孕。该女生说：“这段屈辱的经历已经改变我的人生，我劝我的朋友和同龄人，都好好待在父母身边，不要轻易出门见网友。”

教师：同学们，你们怎么看待这件事？你们对施害人持什么态度？你们对被害人持什么态度？你们该如何防范此类事件的发生？

（学生分组讨论，各小组派代表发表各小组观点）

教师明确：

1．不要去各种酒吧或歌舞厅，喝酒的女孩、自以为是的女孩，往往是别人下手的对象。社会和他人远比你想象的要复杂得多。

2．切记网络是虚拟世界，一定注意不要在上网时把自己的家庭情况告诉别人，也不要轻易接受网友的邀请。要学会分辨真假，保护自己，避免上当受骗。

案例三：2014 年 9 月，某女生在暑假结束返校时搭乘一辆“黑车”，之后，这名女生便下落不明。

教师：同学们，你们怎么看待这件事？你们对施害人持什么态度？你们对被害人持什么态度？你们该如何防范此类事件的发生？

（分组讨论，各小组派代表发表各小组观点）

教师明确：

1．女生外出，随时与家长联系，未得家长许可，不可在别人家夜宿。

2．不要一个人或少数几个女同学到公园、河边、树林等偏僻的地方去看书或复习功课。不要一个人或少数几个女同学招手搭便车。如果单独乘坐出租车一定要记住车牌号，并告知家人。

案例四：某女生与现任男友吵架，打电话给前任男友并到前任男友家，前任男友要求发生不正当关系，某女不从，惨遭杀害。这个 17 岁的高二女生，在最美好的年华失去了生命。4 天后家人找到了尸体。

教师：同学们，你们怎么看待这件事？你们对施害人持什么态度？你们对被害人持什么态度？你们该如何防范此类事件的发生？

（分组讨论，各小组派代表发表各小组观点）

教师明确：

1. 在与男生相处时，要保持一定的距离，不超越友谊的界限；说话要注意分寸，不要太随意，让人误以为有暗示；要理智把握自己的感情；绝不做出有损自己尊严的事，要避免过分的热情和亲近。

2. 如自己做错了什么事，不要让人作为把柄来要挟你、威胁你听从他的摆布，应勇敢地承认错误，做一个心地坦荡、光明磊落的女生。不要与他“私了”，因为他会利用你的软弱加害于你。

3. 应该避免单独和男子在家里或是宁静、封闭的环境中会面，尤其是到男子的家里去。在外不可随便接受陌生人给的饮料或食品，谨防有麻醉药物；拒绝男人提供的色情影视录像和书刊图片，预防其图谋不轨。

4. 在公共场所被男子挟持或遇到强奸的威胁时，不要胆小，要大声呼救，因为犯罪分子本来就做贼心虚，只要你喊声一出，他就会闻“声”丧胆。另外还要迅速跑向人多、安全的地方。

案例五：2017 年渭南校园暴力事件。不久前，记者收到消息，内容是一段 5 分 35 秒的视频。视频中一名穿着红白相间校服的女孩儿，被多名同龄孩子殴打欺辱。经过记者调查，确定视频中身着校服的女孩儿是渭南市实验初级中学的一名初三学生。据了解受害女孩儿是被高年级学生索要钱财不给而受害。随后记者将掌握的证据一并反映给了渭南警方。目前，涉及犯罪的 4 名犯罪嫌疑人，已经被依法刑事拘留。受害女孩儿私下告诉记者，如果视频当初没有被传出来，其实她还准备继续忍气吞声下去。不过现在她决定，用法律的武器来保护自己。希望警察叔叔抓住那些打她的人，让她的生活、学习能尽早回到从前。

教师：同学们，你们怎么看待这件事？你们对施害人持什么态度？你们对被害人持什么态度？你们该如何防范此类事件的发生？

（分组讨论，各小组派代表发表各小组观点）

教师明确：

1. 第一次遇到威胁时就要及时向学校和老师报告。

2. 不要有胆怯心理，要敢于通过正当手段维护自己的人身和财产安全。

环节 4：自我对照

你身边有类似的情况发生吗？

上述案例以及女孩子受伤害的方式有没有发生在自己身上，自己周围有没有类似情况发生，可以私底下找老师交流。

【班会总结】

此次班会让学生明白懂法守法的重要性及必要性，从而引导学生从小处做起，即在学校要遵守校规、班纪、尊敬老师、热爱关心同学。养成良好的行为习惯，不害怕社会不良行为，不做危害社会的事，同时学会并敢于用法律保护自己的人身安全。特别是处于青春期的女孩子，此时的女生单纯善良，心里充满各种好奇，容易上当受骗，受到侵害。我们这期主题班会主要教育女学生如何利用正当手段保护自己。

【班会延伸】

制作相关板报，把自我保护的相关建议编成顺口溜、快板或者打油诗等容易记忆的形式，向更多的同龄女孩子宣传，做一次公益宣传活动。

（洛阳华洋国际学校女子高中　韩志峰）

【专家点评】

我们今天怎样做女孩子的教育？

洛阳华洋国际女子高中给了我们一个很切实际的答案。知法、守法是所有公民的必修课，对于女孩子来说，这门必修课又有其特殊性——特定的年龄、特殊的群体。华洋的“知法、守法”课很有特色，对着女孩子来谈女孩子的“知法、守法”问题。

班会的亮点在于，既谈如何保护自己，也谈如何避免走向违法犯罪；既从受害者的角度来谈，也从施害方的角度来谈。法律面前，既需要常识，也需要理性。一次班会，能传递出关心和温情。

（河南省优秀教师　韩秀清）

记者观察

用文化内涵塑造师生的精神气质

作为教育专业媒体的记者，总有一些时刻，会让我们双眼放光，兴奋不已：当遇见视教育为命业，并在专业成长之路上执着前行的优秀教师时；当寻觅到一种可贵的教育实践探索，代表着先进教育理念、引领着教育改革的方向时；当发现一所有内涵的学校，生活在其中的教师通过专业成长享受着职业幸福，学生脸上常常洋溢着自信和阳光的笑容时……我总有一种记录和探究的冲动。

13 年前的那个春天，从我和裴素青老师相遇的那一刻起，她的专业热情和带领 3 所不同学校所做的教育探索，一直让我“双眼放光，兴奋不已”。

初次采访，她用种庄稼来比喻教师的工作

和裴校长相识，缘于《教育时报》2005 年开设的《中原课改名师》栏目。当时，我找到河南省实验中学的著名特级教师屠新民，让他推荐在河南有专业影响力的名师。屠老师说，那就找洛阳外国语学校的裴素青吧——有激情，有干劲，有成绩。当时，裴素青担任洛阳外国语学校的副校长。我慕名而去，并以《小学科，大舞台》为题，报道了她专业成长的轨迹和成绩——河南省首届生物优质课大赛第一名，全国生物教学优质课大赛一等奖，国家级骨干教师，河南省特级教师，市优秀专家、业务标兵……这些荣誉对任何一位教师来说都已足够荣耀，如果这些光环聚集到一个“小学科”（生物学科）教师身上，就显得更有分量。

当时，裴老师用种庄稼来比喻教师的工作：“农民种地并不知道什么时候会下雨、会刮风、会有自然灾害，但农民从不放弃，而是想尽一切办法浇水施肥，

把地种好，希望有个好收成。培养学生也是这样，老师不能因领导不重视、生源不好、‘小学科’不受关注等客观因素而懈怠，甚至放弃自我的专业发展。教师应该树立一个目标，自己要有发展进步的强烈意愿，不断对照目标加强自我修炼。”

当时，作为一名年轻记者，在采访裴校长的过程中，我收获的不仅是教师专业成长的启迪，更有为人处世的方法和人生智慧的汲取。她执着的工作态度、雷厉风行的作风，以及对教育教学的深刻理解和对学校文化的顶层设计，都让人看到一种胸襟和魄力。正因为如此，我和裴校长相识，始于那次采访，却在日后的交往中成了知心的“忘年交”。我的脚步，也跟随她走过了3所情况完全不同的学校。

文化立校，让薄弱学校起死回生，让老牌名校重现辉煌

2007年，裴校长“临危受命”，被调到濒临撤并、刚刚从厂矿学校移交过来的洛阳市第49中学做校长。我第一次去这所学校时，学校破烂不堪，没有像样的教室和操场，教师也人心涣散，学生只有600多名。有多年教学和管理经验的裴校长，面对这个“烂摊子”，却充满了干劲，做了学校的发展规划，并通过多方努力，用短短3年多的时间，让这所学校起死回生——新的教学楼建起来了，新的塑胶操场铺上了，学校教师在共同愿景之下有了充足的干劲，学校软件、硬件建设均取得翻天覆地的变化，学生从600多名发展到2000多名。

正当我准备以洛阳49中为蓝本写一篇关于薄弱学校如何崛起的报道时，裴校长在2010年被调离49中，受命担任洛阳外国语学校的校长。那时，洛阳外国语学校这所曾经让洛阳人引以为豪的老牌名校，正处于发展的低谷。在洛阳49中干出成绩后，洛阳市教育局领导看到裴校长的巨大能量，便寄希望让她回到“老东家”，带领洛阳外国语学校重整旗鼓、重现辉煌。

在这期间，我多次到洛阳外国语学校采访调研，见证了裴校长如何在学

校建章立制，如何提炼出“3421 工程”的办学理念，如何用精神引领让教师重获职业尊严，如何用学校文化塑造师生的精神气质……又用了 3 年多的时间，裴校长带领洛阳外国语学校获得了洛阳市“高考优胜单位”“高中管理优秀单位”等荣誉，学校从谷底重整旗鼓，再创辉煌。我现在还记得，学校的一位女教师在接受采访时激动地说：“时隔多年，现在我又可以昂起头来自豪地给别人说‘我是洛阳外国语学校的老师’！”在跟踪采访的基础上，2013 年 2 月，我以《一所学校的“V 字形”发展轨迹解读》为题，连续两期在《教育时报》一版报道了洛阳外国语学校的发展经验。

探寻学校文化的载体，让新建学校步入发展快车道

裴校长说，自己就是个“劳碌的命”。正当洛阳外国语学校发展如日中天时，她到了退休的年龄。但 30 年来积累的教育教学经验和办学理念，让她有使不完的劲儿，她又开始带领洛阳华洋国际学校向前奔跑。从建校之初，学校就按照裴校长“文化立校”的理念，全面实施“3421 工程”，整体设计学校文化的发展蓝图，不断探寻学校文化的载体和班级文化的支点，在高起点上步入了发展的快车道。

“在民办学校和公办学校有什么明显的区别？”我曾问过裴校长这样的问题。“在民办学校，我可以更专注于学校内部的管理和教育教学层面的提升，更能让自己的教育理念和规划付诸实施。”和 10 年前一样，如今的裴校长还是喜欢用“种地的智慧”来办学：“办学像农民种地一样，我有了一块地，是种玉米呢，还是种谷子呢？是间种呢，还是套种呢？你的种植特色是什么？这些要先想好。简单说，校长要做一个‘明白人’——我要把学校带到哪里去？学校有什么样的顶层设计？制定清晰的办学目标和规划，积淀学校独特的文化气质，这是校长带好一所学校的首要任务！”

裴校长将自己多年的办学经验总结为“3421 工程”，即搭建 3 个平台（学生成才的平台、教师成功的平台、学校发展的平台），打造 4 支团队（管理团队、

教师团队、学生团队、家长团队），实现 2 个目标（创办规范加特色的品牌学校、培养合格加特长的优秀学生），突出 1 个中心（培养文理兼长、外语突出、具有爱国主义情怀和国际视野的优秀学生）。而这个工程的主线和旨归，就是学校文化的引领和积淀。

在学校的教师培训会上，裴素青校长反复强调文化要“接地气”，要培育“有根的文化”：一方面，文化的形成要突出参与性，让师生参与物质文化、制度文化、精神文化的建设过程，这样的文化才有生命力；另一方面，文化的形成要从每个人自身开始，从爱父母、爱老师、爱家乡做起，再到爱国家，最终能够放眼世界。比如，初中部教学楼楼道的布置，就是循着这种思路进行的：一楼是《孝亲颂》，二楼是《尊师颂》，三楼是《劝学篇》，四楼是《方法篇》，五楼是《励志篇》。

在华洋国际学校，学校层面的文化载体有很多，其中，有 4 种重要的载体积淀和形成着学校的文化内涵。

一是德育 12 个品格月。从 2013 年开始，学校将德育的目标，分布在每年的 12 个月中，并以每月盛开的鲜花为代表，以“花语”引领当月品格的内涵。在设计每个月的德育主题时，学校结合季节、传统节日、时令，以及学校学期工作的阶段性等，确定每个月的内容。中学部、小学部因学生的年龄特点，每月的主题有相似的地方，也会有所区别。为让 12 个品格在学生的生命中落地生根，学校在每月一活动的基础上，又系统设计了每周一主题的班会。

二是六大社会主题实践活动。学校先后组织学生进行了“磨砺之旅”——走进万安山，“爱心之旅”——走进培智学校，“励志之旅”——走进军营和贫困山区，“探寻洛阳文化之旅”——到洛阳博物馆、王铎故里、汉光武帝陵、千唐志斋等地实地探访洛阳的文化古迹，让学生真正为洛阳这个城市、为自己是洛阳人而感到自豪……这些实践活动都进行了课程化的管理，充分发挥育人的功能。

三是六大校园文化艺术节。学校按照时间顺序形成了六大文化艺术节——上半学期，三月是“故事节”，四月是“牡丹文化艺术节”，五月是“科技节”；

下半学期，十月是“读书节”，十一月是“外语文化艺术节”，十二月是“迎新年社团文化艺术节”。每个文化艺术节根据其特点由不同的教研组筹办，制订详细实施方案和评价细则。如在每年的“牡丹文化艺术节”上，学校都会开展 “写牡丹”“唱牡丹”“画牡丹”“颂牡丹”等系列活动。

四是“五育”成长银行。对于在德、智、体、美、劳等方面表现好的同学，班主任发放“成长币”，可以存入成长银行，也可以取出来到学校专门设置的“五育”成长超市兑换学习用品。这既是一种道德引领，也是一种评价方式，取得了显著的效果。

找准班级文化的支点，撬动师生的生命活力

“班级文化是学校文化建设的基本单元。学校文化是以班级文化建设为基础的。在文化建设上，学校有统一的‘规定动作’，每个班级根据学生的情况也有‘自选动作’。”裴素青校长在学校教师培训会上这样讲。

近年来，洛阳华洋国际学校多次举行“探寻班级管理文化的支点经验交流会”，全校班主任齐聚，分享自己对本班文化建设的思考和实践，介绍自己班级文化支点的探寻过程和实施经验。“笋芽班”“劲竹班”“墨松班”“卓傲班”“博弈班”“狼图腾班”等，班班有支点，班班有特色。

班主任董志恒说：“我是教历史的，一开始想把班级管理的文化支点定在中国传统文化上，但同学们都觉得有点大，不知从何着手。后来我们就把支点定在最有洛阳特色的牡丹上。牡丹卓尔不群、傲骨无瑕，在一定程度上，牡丹文化就是洛阳文化，也能代表中国传统文化的传承之一。这样一来，同学们的兴趣一下子就提起来了。我们的班级文化有了这个支点，同学们一起来设计班徽、制定班级口号、拟定班级公约，包括我们的活动设计、班会课设计，也都围绕着这个支点来展开。”班级管理的文化支点找准之后，师生甚至家长的积极性都被充分调动了起来。

班主任张琳谈到文化支点对自己带班的作用时说：“支点就是一种向心力，

是班级的魂，魂定下来了，所有的行动都朝着这个方向走，沉淀下来的东西就会越来越多，班级的向心力就更强。寻找支点的过程，刚开始时很发愁，后来带班就轻松了。”

现在，洛阳华洋国际学校发展进入了第七个年头。这所年轻的学校，按照既定的蓝图稳步地前行。裴素青说教育是农业，的确如此，办学像农民种地一样，功夫下到了，精耕细作，自然会有丰收。学校先后获得了“河南省优秀民办学校”“河南教育名片学校”“洛阳市德育特色化学校”“洛阳市智慧教育示范校”等荣誉。中招考试成绩连年大捷，多次获得年度“教育教学目标管理先进学校”和“洛阳市全面特色学校”等荣誉。

长期、扎实的学校文化建设营造出了良好的校园文化环境。建校六年多来，学校没有出现过一起大同学欺负小同学的事情。相反，大手拉小手、大同学帮助小同学成为常态。

文化就是这样一种东西，你触摸不到，却能时时感受到它的力量，身处其中的师生，被文化润泽、滋养着。正如裴素青校长所说：“学校文化更多的是体现在师生的思想理念、价值观念、行为方式上，我们就是要用文化内涵来塑造师生的精神气质，让孩子们在洛阳华洋国际学校学到四种东西：扬在脸上的自信、长在心底的善良、融进血液的骨气、刻在生命里的坚强！”

（《教育时报》　记者杨雷）

参考文献

[1] 苏霍姆林斯基．给教师的建议 [M]．北京：教育科学出版社，1984．

[2] 肖川．教育的力量 [M]．长沙：湖南教育出版社，2008．

[3] 魏书生．班主任工作漫谈 [M]．桂林：漓江出版社，2011．

[4] 林崇德．21 世纪学生发展核心素养 [M]．北京：北京师范大学出版社，2016．

[5] 项红专．学校文化建设 [M]．杭州：浙江大学出版社，2015．

[6] 王小红．中学德育教育中存在的问题及解决对策 [J]．德育研究，2016（6）．

[7] 高继生．中小学主题班会异化现象透视 [J]．教学与管理，2015（3）．

[8] 黄丽．论初中主题班会方案设计技巧与艺术 [J]．教学研究，2011（12）．

[9] 肖家芸．我校班级文化建设规划 [J]．中国德育，2011（3）．

[10] 马刚．新形式下中学主题班会的现状调查 [J]．新课程学习，2014（3）．

[11] 李长富．中学德育课程化的实践与管理研究 [J]．中小学校长，2015（7）．

[12] 杜天颖．发挥科任教师对班级管理作用的方法 [N]．河南职业技术师范学院学报，2009（6）．

[13] 莫雪梅．浅谈科任教师与班级管理 [J]．中国校外教育，2014（12）．

后 记

经过一个漫长的冬天，2018 年春暖花开的时节，《让班级文化落地生根》这本书终于结稿了。对于它的出版面世，我有着为人之母的深情。

有时候一件偶然的事，别人不经意的一句话，可能就成为一件有意义事情的起因。2016 年 10 月 22 日，我们学校承办了由河南教育时报社举办的“华洋杯”第五届河南最具智慧力班主任颁奖典礼暨“让班主任幸福成长”观摩研讨会，来自省内外的专家名师近 2000 多人齐聚洛阳，观摩特色班级文化建设暨主题班会，感受独特的校园文化特色，并给予一致好评。2017 年，学校又连续承办了两次河南省教育厅举办的“全省民办中小学校长培训”暨学校校园文化建设观摩现场会，在会上我分别作了《探寻班级管理的文化支点》和《特色创建让学校文化立起来》的专题报告，受到了与会的班主任老师的广泛认可。他们都曾问我同一个问题：“你讲得真好，你讲座的课件能让我们拷贝吗？这些经验你汇编成书了吗？没想到，这三次全省性活动的举办和与会老师们的问话竟然成了我这本书的重要推动因素。

古人说：“吟安一个字，捻断数茎须。”写作，一件很多人看似简单的事情，其实有着不为人知的艰辛。从一个想法到一个理念的形成，从坚持十几年的探索实践到形成一本有系统理论和实践的书，真不是一件容易的事情。你或许可以把事情做得很好，但当你拿起笔真要写作的时候，往往会有不知所措、无从下手的感觉。更加不易的是，不仅自己要做好，还要带着一个团队去做好。回想这本书的编写过程，细细算来，我给老师们作了十多场的相关培训，扬鞭催马“逼着”大家去实践、去成长，从研讨如何寻找班级文化支点，到如何制订班级文化建设方案，再到方案的具体实施，从一遍一遍教大家如何做，再到一遍一遍教大家如何写……一路走来，真的不易。然而，幸福的是经过我们的奋斗，《让班级文化落地生根》这本书要出版了！

在此书出版面世之际，我要表达真诚的感谢。

首先要感谢河南教育时报社杨雷记者，一个年轻、谦和、有才气的优秀记者。我们从 2005 年他第一次采访我时结缘，13 年来他一直坚持跟踪观察采访，难能可贵，值得敬佩！他也不止一次地对我说："裴校长，你这一套管理经验真的很实用，这三所学校你带一所火一所，应该好好梳理写成一本书分享给大家。"但由于我每天忙于日常事务性工作，静不下心来写作，一推再推。直到 2017 年 10 月的一天，杨雷记者给我介绍认识了大象出版社的一位既热情又非常有亲和力的优秀编辑梁金蓝老师，见面后我谈了一下自己的想法，梁老师又给了我很多好的建议和鼓励，没想到第一次见面谈话就碰撞出了火花，当场一锤定音，约定年后交稿。在此特别感谢河南教育时报社杨雷记者和大象出版社梁金蓝编辑，谢谢你们的无私帮助和鼓励。

特别感谢河南教育时报社总编辑刘肖先生，从班级文化创建到这本书的孕育，刘总编高屋建瓴地提出了许多指导性意见，在此，表示真诚的感谢。同时，还要感谢刘总编带领的河南教育时报社优秀记者团队对华洋国际学校班级文化建设的持续关注。

感谢我的优秀管理团队，感谢大家的信任和支持，和我一起敢于创新，大胆实践，成就了今天优异的办学成绩和鲜明的办学特色。感谢特级教师张华校长，六年来她和我一起植根在华洋学校这片教育热土，一起追梦，一起创新，一起求索，一起实践。她是我事业上的一位知音，感谢她对该书提出的许多宝贵建议。

还要特别感谢我的家人对我默默地支持和关爱，多少次写作到深夜，是我的先生端来暖心的茶点，关切地一次次提醒我早点休息，要劳逸结合，我的女儿李峥帮我查阅了大量的相关文献资料。几个月来在紧张的写作和压力之下，我备感亲情是如此的温暖。

优秀教师韩秀清、张洁、秦生和贾爱珍老师在本书编撰过程中提出了不少好的建议，并为青年教师的案例做精彩点评，我从内心感谢她们。感谢洛阳晚报社优秀记者杨寒冰，优秀教师亢建新、刘宏彬、韩昱、路红、李艳红、张小分、李翠霞、张腾飞等学校全体班主任的辛苦付出！

最后还要特别感谢北京师范大学肖川教授，百忙中为本书作序，并提出了很好的指导性意见。同时，本书还参考了国内外许多教育名家和一线老师的相关教育研究和案例，在此一并表示感谢。

《让班级文化落地生根》这本书就要和读者见面了，很高兴和教育同人们一起分享；一家之言，难免有许多不足之处，真诚希望得到大家的批评指正，更希望全国的班主任参与其中，共建良好的班级文化生态，为孩子们提供一个能影响一生的“有根”的班级文化。

裴素青

2018 年春